JN065615

中国人が読み解く
歎異抄
〈中国語訳付〉

張鑫鳳＝編

藤原書店

中国人が読み解く　歎異抄

〈中国語訳付〉

目次

中国人が読み解く　歎異抄

〈中国語訳付〉

凡例

一 底本として、『浄土真宗聖典全書 第二巻 宗祖篇 上』（教学伝道研究センター編纂 本願寺出版社 二〇一一年）所収の「本派本願寺蔵蓮如写本」を参照した。

一 原文は旧漢字、旧仮名遣いとする。現代語訳は、新漢字、新仮名遣いとする。

まえがき

私と親鸞が出会うきっかけは、野間宏文学を通してのことである。一九八四年、野間先生の『暗い絵』を中国語に翻訳。中国での出版をきっかけに、野間先生と出会った。先生は、私に親鸞の著作を送ってくださり、自分の文学の中の〝親鸞〟を明らかにしてほしいという期待を私に託された。亡くなる前に届いた手紙には、「親鸞を徹底的に学んでください」と書かれていた。

私は親鸞の著作も、その中に引用された仏典もむさぼるように読んだ。文化大革命を体験し、自分自身も抱えている人間の悪や生きる意味について問い続けてきた私にとって、仏教や親鸞の教えを学ぶことは、奥深い人間存在の真実に出会う喜びが感じられる日々であった。そのうちに、親鸞が伝える仏教が大乗仏教の本質を示すものであることを思い知り、親鸞著作の中国語訳に取り組み始めた。二〇〇六年、『歎異抄』の中国語訳を完訳した。その自費出版を進める一方、『教行信証』の中国語訳に取り組んだ。『教行信証』の中国語訳を進めているうちに、今までの自分の親鸞理解の浅さを痛感し、仕上げた『歎異抄』の中国語訳の不十分さに気づき、本が出版される直前に、出版社との契約をキャンセルした。

八年にわたる『教行信証』の中国語訳体験は、私にとって親鸞の教えと深く出会うきっかけになった。それは、漢字の一つ一つに込められる深意を探り、漢字の語源的な意味をさかのぼり、一つ一つの言葉の仏教用語としての意味を明らかにし、言葉に含まれた中国の歴史文化・古典・典故の意味を解釈しながら進められる作業であった。

このような作業の中で、改めて、親鸞が仏教の真実を伝えるために一字一字の漢字に付した心血と工夫に気づかされた。その工夫された漢字の多くは、これまで、誤記とされ、一般的な表記に当てはめられて解釈されてきた。けれども、親鸞が選んだ漢字の意味を探っていくと、より奥深い仏教の教えに出会うことになったのである。私は引き込まれるように、それについて研究論文を書き続けた。

さらに、この数年は、親鸞の著作の中で親鸞著作の中で数多く用いられている「反」という漢字が「反切」であることを明らかにした。これはこれまでの研究で解明されていないところであった。「反切」とは、漢字の音声を表す伝統的な方法の一つ、漢字二字で漢字の発音を表す方法である。具体的に言えば、一方の声母（父字）と、他方の韻母（母字）とを合わせて、その漢字の音声を表す。この方法を用いたことに、漢字の音声言語を通して、仏教の奥深い真実を伝えようとする親鸞の強い願いが窺える。

以上の『教行信証』の中国語訳の体験と近年の研究を踏まえて、十年以上眠っていた『歎異抄』の中国語訳の原稿をもとに、改めて翻訳に取り組むとき、『教行信証』と『歎異抄』とが響きあっていること、『教行信証』における親鸞の思想の神髄を示す言葉がすべて『歎異抄』に収められていることに驚いた。

そこで、初期の翻訳を生かしながら、『教行信証』の中国語訳の体験を踏まえて新たに仕上げたのが、この度の『歎異抄』の現代日本語訳・中国語訳である。従来の現代語訳『歎異抄』に比較してみたとき、本翻訳は次のような特徴がある。

（一）『教行信証』を視座（まなざしの出発点）に、『歎異抄』の中国語訳を視点（まなざしの到達点）にする翻訳である。『教行信証』に響きあう書として、『歎異抄』の内容を受け止める。

(二) 漢字の語源的な意味をさぐり、言葉の仏教用語としての意味を明らかにし、言葉に含まれた中国の歴史文化・古典・典故の意味を解釈するという『教行信証』の中国語訳の体験をふまえて、『歎異抄』の言葉を『教行信証』の翻訳の中で明らかにされた深意に添って解釈する。

(三)『歎異抄』で語られる肝心の言葉が、『教行信証』とどう響きあっているか、言葉が親鸞思想の神髄を表す意味を丁寧に解釈した。

(四) 敢えて伝統的な『歎異抄』の現代語訳を覆すところが数多くある。例えば、通常、「異なることを嘆く」と訳されている「歎異」を「不可思議を讃嘆する」と解釈するところである。「慶所聞、嘆所獲(聞く所を慶び、獲る所を嘆ずる」という『教行信証』が伝えている十八願の大悲の心を根拠にし、漢字語源にも基づき、「歎」を「感歎」と訳し、「歎異」を「不可思議を讃嘆する」と訳した。

日常の親鸞の言葉から「百分が一」、「少々抜き出で」という唯円が著した『歎異抄』は、親鸞の教えを体系的に語っていないように見える。しかし、実は、親鸞思想と信仰を体系的にまとめられた『教行信証』の神髄を音声の響きの中に託して、親鸞思想の核心を如実に伝えていると思う。『歎異抄』と『教行信証』の中で響いている音声言語を響きあうようにとらえるのは、今回の翻訳の最大の特徴である。

この本が国境を超え、日中の人々に広く読まれることで、親鸞の教え、仏教の教えに深く出会う喜びを共に感じていただければ、この上ない喜びである。

感謝の一言。

出版に際して、ご尽力いただいた藤原書店社長藤原良雄様、藤原書店の皆様、翻訳の過程で重要な指摘を下さった方々、出版助成金を援助してくださった同朋大学同窓会に、そしてこの本の出版を期待して応援してくださった皆様に、心からお礼を申し上げます。

二〇二〇年二月

張鑫鳳

歎異抄（1）

序

(原文)

竊廻愚案、粗勘古今、歎異先師口傳之眞信、思有後學相續之疑惑、幸不依有縁知識者、爭得入易行一門哉。全以自見之覺悟、莫亂他力之宗旨。仍故親鸞聖人御物語之趣、所留耳底、聊注之。偏爲散同心行者之不審也。云々

(読み下し)

竊かに愚案を廻して、ほぼ古今を勘うるに、先師口傳の眞信に異を歎じ、後學相続の疑惑有ることを思ふに、幸いに有縁の知識に依らずば、いかでか易行の一門に入ることを得んや。全く自見の覺悟を以て、他力の宗旨を亂ること莫れ。よって故親鸞聖人の御物語の趣、耳の底に留

まるところ、いささかこれを注す。ひとえに同心行者の不審を散ぜんがためなりと云々

（現代語訳）

じっと心を澄まして、つたない思案を巡らし、おおよそ、古今のことを考察してみると、師親鸞(2)聖人の口からじかに教えられた真実の信心の不可思議を感歎(3)し、また、師教を受け継ぎ学ぶ後世の人々の疑惑を憂慮せずにおられない。幸いにも、有縁(うえん)の知識(4)に値遇することに恵まれることがないとしたら、私たちはどうして易行道(いぎょうどう)(5)の一門に入ることを得られるだろうか。まったく、愚かな自分勝手な見解で、他力の宗旨を乱してはならない。そこで、今は亡き親鸞聖人が常に語っておられる今もなお耳の底にたまっているところを記すのは、ひとえに同じ志で道を求めて生きる者の疑惑を払拭するためなのである。

注

（1）**歎異抄**――全一巻。親鸞の弟子である唯円著。全十八章。前十章は親鸞の法語の集録、後八章は親鸞の教義を誤解する異説を是正するものである。後序に親鸞の在世時代に遭遇した法難を記している。本書は親鸞の言葉の珠玉をつたえ、他力本願の真髄を闡述し、他力信仰の極致といわれる浄土真宗の重要典籍であり、古今註釈書が頗る多い。

唯円（一二二二―一二八九年）は『歎異抄』の著者と推定される。親鸞の門弟。親鸞入滅後も門流から直弟子として深く慕われていることが伝わっている。定本である『浄土真宗聖典全書　第二巻　宗祖篇　上』（本願寺出版社、二〇一一年）に基づくものである。

（2）**親鸞**――一一七三―一二六二。日本浄土真宗の開祖。主著『教行信証』。

（3）**歎**――通常、「歎異」を「異なることを嘆く」と訳している。そういう意味も含まれているが、筆者は、『教行信証』の翻訳体験を踏まえて、また、「慶所聞、嘆所獲（聞く所を慶び、獲る所を嘆ずる」という『教行信証』が伝えている十八願の大悲の心を根拠にし、漢字語源にも基づき、「歎」を「感歎」と訳した。「歎異」を「不可思議を讃嘆する」と解釈する。『説文解字』によれば、古文において「歎」と「嘆」とはそれぞれ異なる義をもつ。「歎」は喜・楽に類し、「嘆」は怒・哀に類す。異は、異なりを表すと同時に、自己を超えるものを表す文字である。語源における雛形は、両手で物を高く上げるイメージを表す象形文字である。（孫有清編著『説文解字』中国書店、二〇一一年一月。東漢許慎原著・湯可敬撰『説文解字』岳麓書店、一九九六年十二月。小川環樹編集『新字源』角川書店、二〇一七年十月、参照）

（4）**有縁の知識**――仏教用語としての「知識」は、日常用語と異なり、「知」は「智」に通じ、ここでの「有縁の知識」は自分を仏法の世界に導いてくださる師を意味する。

（5）**易行道**――〝難行道〟の対語である。浄土宗は、阿弥陀仏の願力を信じ、念仏によって往生することを「易行道」とし、それに対して、自力で修行し、此土において入聖することを「難行道」とする。

一

（原文）

一　彌陀の誓願不思議にたすけられまひらせて往生をばとぐるなりと信じて、念佛まふさんとおもひたつこゝろのおこるとき、すなはち攝取不捨の利益にあづけしめたまふなり。彌陀の本願には、老少善惡のひとをえらばれず、たゞ信心を要とすとしるべし。そのゆへは、罪惡深重、煩惱熾盛の衆生をたすけんがための願にまします。しかれば本願を信ぜんには、他の善も要にあらず、念佛にまさるべき善なきゆへに。惡をもおそるべからず、彌陀の本願をさまたぐるほどの惡なきゆへにと云々。

（現代語訳）

一　阿弥陀[1]の誓願不思議におたすけいただき[2]、往生できると信じて、念仏を称えようとするこころが起こる時、即時に、阿弥陀仏の摂取不捨の利益に預からせていただくのである。阿弥陀仏の本願(3)は、老・少、善・悪などで人を差別されず、ただ信心これ一つを肝要とすると知るべきである。そのゆえは、阿弥陀仏の誓願は罪悪深重(ざいあくじんじゅう)・煩悩熾盛(ぼんのうしじょう)の衆生を済度する願であるからである。そのため、本願を信じさえすれば、そのうえさらに、善行を積もうとする必要はない。念仏に勝る善はありえないからである。また、本願を信ずれば、いかなる悪をも恐れるには及ばない。阿弥陀仏の本願の救済を妨げるほどの悪はないからであると、親鸞聖人は仰せられた。

注

（1）**阿弥陀**——阿弥陀仏。浄土宗、浄土真宗の信仰の核心。阿弥陀は音訳であり、意訳は無量寿・無量光である。『大無量寿経』において、寿命無量・光明無量・智慧無量・力無量、掌に一切の世界を持てるという阿弥陀仏の徳が語られている。親鸞は「弥陀仏は、自然のやうをしらせんれうなり」と、阿弥陀仏を自然の法の働きとして受け止める。

（2）『歎異抄』は敬語の表現がすこぶる多く、しかも現代には使われない最高級の敬語表現が用いられている。現代中国語には、こうした表現がないので、本翻訳は、統一するために、原文がもっている敬虔な気持ちを込めながら、現代日本語における一般的な敬語表現を用いる。

（3）**本願**——本は根本を意味する。願は誓願である。仏と菩薩が仏果を成就する前に衆生を済度するため、発する誓願である。数多くの誓願の中で、最も根本になる誓願を本願という。浄土宗は阿弥陀仏の四十八願の中での第十八願を本願とする。親鸞は第十八願を至心信楽の願とする。この願の主旨は衆生が我が名字を称し、信心を発起すれば、浄土に往生することができるとのことである。

二

（原文）

一　おのおのの十餘（じゅうよ）ケ國のさかひをこえて、身命をかへりみずしてたづねきたらしめたまふ御（おん）こゝろざし、ひとへに往生極樂のみちをとひきかんがためなり。しかるに、念佛よりほかに往生のみちをも存知し、また法文等をもしりたるらんと、こゝろにくゝおぼしめしておはしましてはんべらんは、おほきなるあやまりなり。もししからば、南都北嶺（なんとほくれい）にもゆゝしき學生たち、おほく座せられてさふらうなれば、かのひとにもあひたてまつりて、往生の要よく〳〵きかるべきなり。親鸞におきては、たゞ念佛して彌陀にたすけられまひらすべしと、よきひとのおほせをかぶりて信ずるほかに、別の子細なきなり。念佛は、まことに淨土にむまるゝたねにてやはんべらん、また地獄におつべき業にてやはんべるらん。總じてもて存知せざるなり。たとひ法然聖人にすかされまひらせて、念佛して地獄におちたりとも、さらに後悔すべからずさふらう。そのゆへは、自餘の行もはげみて佛になるべかりける身(み)が、念佛をまふして地獄にもおちてさふらはゞこそ、すかされたてまつりてといふ後悔もさふらはめ。いづれの行もおよびがたき身なれば、とても地獄は一定(いちじょう)すみかぞかし。彌陀の本願まことにおはしまさば、釋尊の説教虚言(きょごん)なるべからず。佛説まことにおはしまさば、善導の御釋虚言したまふべからず。善導の御釋まことならば、法然のおほせそらごとならんや。法然のおほせまことならば、親鸞がまふすむね、またもてむなしかるべからずさふらう歟(か)。詮ずるところ、愚身の信心におきてはかくのごとし。このうへは、念佛をとりて信じたてまつらんとも、またすてんとも、面々の御はからひなりと云々。

(現代語訳)

一　それぞれの方がはるばる、十余国もの国々(1)の境をこえて、命がけでここまで訪ねてこられたお心持は、ひとえに往生極楽の道を問いただし、明らかにするためであろう。しかしながら、この私が念仏のほかに往生の道をも知り、特別な法文や教えなどをも知っているのだろうと思われて、その奥義を求めて教えてほしいというお考えならば、それは大きな間違いである。もしそういうことであれば、南都北嶺(なんとほくれい)(2)にも優れた学僧が数多くおいでになるから、その人たちにお会いになって、浄土[3]に往生するための要をよく聞かれる方がよい。

この親鸞にあっては、「ただ念仏して、阿弥陀仏のお救いに預かるのである」というわがよきひと、師法然上人[4]が仰せられたお言葉をそのままに聞き受けて信じるだけで、その他に格別言い立てるような事柄はないのである。念仏は、まことに浄土に往生する因（たね）なのだろうか。逆に地獄[5]に堕ちる業因なのだろうか。それは全く私の関知しないことである。

私は、たとえ法然上人にだまされて念仏したため、地獄に堕ちたとしても、何ら後悔することなどはないのである。そのゆえは、念仏以外の修行に励むことで仏になるはずである者が念仏することで地獄に堕ちたというのであったら、「だまされてしまって」という後悔も生まれようが、いずれの修行も及び難い身であるから、どのようにしても、地獄は私の定められた住み家なのである。

弥陀の本願が真実であるならば、釈尊の説教が虚言であるはずはない。釈尊が説かれた教えが真実であるならば、善導（ぜんどう）大師[6]の御釈が虚言であるはずはない。善導大師の御釈が真実であるならば、法然上人のお言葉が偽り事であろうか。法然上人のお言葉が真実であるならば、この親鸞が申すことも、また偽りではないと言えるのではないであろうか。

要するに愚かなわが身の信心はこのようなものである。この上は念仏して、阿弥陀仏を信じて念仏申す道を選ぶか、または、この道を捨て去られるか。それは皆さんめいめいのお考え次第であると、親鸞聖人は仰せられた。

注

（1）**十余国もの国々**——関東から京都に上るまでの十あまりの国々。国は、古代から近世の行政区画の一つである。

（2）**南都北嶺**——南都は興福寺（法相宗大本山）と東大寺（華厳宗総本山）の在地である奈良、北嶺は延暦寺（天台宗総本山）の所在地である比叡山。

（3）**浄土**——仏の居場所。また、清浄土・仏国ともいう。これに対して、衆生の居場所を煩悩・汚穢があるから、穢土・穢国という。浄土は、衆生を済度することを己の使命とする大乗仏教に説かれる教説である。小乗仏教にはこの説がない。大乗仏教において、涅槃を得た諸仏はそれぞれ無数の衆生を教え導くために、衆生を迎え入れ、教化する国土を建立する。

（4）**法然**——日本浄土宗の開祖。親鸞が師と仰ぐ七高僧の一人。親鸞を他力本願念仏に導いた師。

（5）**地獄**——梵語「那落迦（naraka）」。直訳「無幸処」。六道（天・人・阿修羅・畜生・餓鬼・地獄）の一。地獄道ともいう。罪人が苦を受ける場所。

（6）**善導**——中国浄土教の大成者。親鸞が仰ぐ七高僧の一人。

三

(原文)

一　善人なをもて往生をとぐ、いはんや悪人をや。しかるを、世のひとつねにいはく、悪人なを往生す、いかにいはんや善人をや。この條一旦そのいはれあるににたれども、本願他力の意趣にそむけり。そのゆへは、自力作善のひとは、ひとへに他力をたのむこゝろかけたるあひだ、彌陀の本願にあらず。しかれども、自力のこゝろをひるがへして、他力をたのみたてまつれば、眞實報土の往生をとぐるなり。煩悩具足のわれらは、いづれの行にても生死をはなるゝことあるべからざるを、あはれみたまひて願をおこしたまふ本意、悪人成佛のためなれば、他力をたのみたてまつる悪人、もとも往生の正因なり。よて善人だにこそ往生すれ、まして悪人はと、おほせさふらひき。

（現代語訳）

一　善人でさえなお往生をとげることができる、まして悪人[1]は言うまでもないことである。ところが世間の人は普通にはこう言う。「悪人でさえなお往生する、まして善人は言うまでもない」と。このことは一応道理にかなっているように思われるが、阿弥陀の本願他力の趣旨に背くものである。

というのは、自力作善（じりきさぜん）の人は、ひたすら阿弥陀仏の他力を頼む心が欠けているのだから、阿弥陀が本願とする人ではないのである。しかし、そのような人でも自力作善の心をひるがえして、他力を頼み申し上げるならば、阿弥陀仏の真実報土[2]に往生をとげることができるのである。煩悩[3]具足のわれらは、どのような修行に励んでも善と悪、生と死という二元対立的な迷路から抜け出せるはずがないということをお哀れみくださって、願をおこされた阿弥陀仏の真意は、悪人成仏のためであるのだから、他力を頼み申し上げる悪人こそがもっとも往生の正因（しょういん）[4]である。それ故に、善人でさえなお往生をとげることができる、まして悪人は、と仰せられたことである。

注

(1)**悪人**――ここでの〝悪人〟は、「真実・方便」(真諦・俗諦)という重層的な意味を持っている。方便の教において、善人と悪人の選り分けがある。〝悪人〟は仏教に説かれる善行に背く者であり、仏教の教えを信じず、守らない者である。真実の教においては、善悪の二元対立を超え、〝悪〟は絶対の〝悪〟であり、煩悩にとらわれた人間存在の本質を意味する。罪悪煩悩の核心は〝分別心〟であり、善悪対立を立場にする生き方を意味する。親鸞は大乗仏教の原理を元に、人間はいかにしても〝罪悪煩悩〟を逃れられないため、すべての人間を悪人とする。それ故に、親鸞仏教においての「悪人」は人間そのものである。

(2)**報土**――仏の報身がおられる国土である。また、「真実報土」ともいう。即ち仏の願行(因位におられるとき発する誓願と誓願を成就する修行)に酬報して、成就する国土である。それ故に、仏の報土は、真実の誓願と修行によって感応し顕現する荘厳な清浄国土である。そういう意味で、極楽浄土は法蔵比丘(阿弥陀仏の因位の時の名)の四十八願によって成就される報土であるという。従来、浄土宗は阿弥陀仏の浄土を報土とするが、親鸞は真仏土と化身土を立てる。阿弥陀仏の報土に「真実報土」と「方便化土」があるとし、「方便化土」を「報中の化」(真実報土の中の化土)とする。この真実報土の中の化土を教化地とし、直接に「真実報土」に行けない衆生を教化して、真実報土に導く。この「報中化」という報土の捉え方に親鸞が仏教の伝統を継承した上に創立した浄土救済思想が示されている。すなわち、阿弥陀仏が超越的な彼岸に存在しながら、衆生の生きる現実とかけ離れた架空的な存在ではなく、あくまでも、現実に働いている「法」であるということである。
（参照『真宗聖教全書』二、四「真仏土巻」「化身土巻」第十七章　注4「化土」）

（3）煩悩――「惑」とも言う。人の心身に煩・悩・乱・惑・濁などを生じさせる作用である。煩悩の根源は「三毒」である。すなわち、「貪・（我執・自我中心・我欲）」、「瞋」（憎しみ・怒り）、「痴」（分別心・二元対立的な思考）をいう。また「三惑」とも、「三病」ともいう。

（4）正因――正は正当・正中、因は因種の意にして、仏果を成就する、往生する正当なる因種をいう。ここでは阿弥陀仏が摂化する対象であることを意味する。親鸞は、衆生が自力によって、いかなる修行をしても、往生を成し遂げることができないとし、〝他力正因〟、〝信心正因〟を説く。即ち、念仏において他力信心を賜ることになる。それゆえ、他力信心こそ往生の正因であるという。〝大慈悲者是仏道正因〟（『真宗聖教全書』二、七三頁）「真実報土の正因を　二尊のみことにたまはりて（中略）不思議の仏智を信ずるを報土の因としたまへり　信心の正因うることは　かたきがなかになをかたし」（『真宗聖教全書』二、五二一頁）

四

（原文）

一　慈悲に聖道（しょうどう）・浄土のかはりめあり。聖道の慈悲といふは、ものをあはれみ、かなしみ、はぐゝむなり。しかれども、おもふがごとくたすけとぐること、きはめてありがたし。浄土の慈悲といふは、念佛していそぎ佛になりて、大慈大悲心をもて、おもふがごとく衆生を利益（りやく）するをいふべきなり。今生にいかにいとをし不便とおもふとも、存知のごとくたすけがたければ、この慈悲始終なし。しかれば念佛まふすのみぞ、すえとをりたる大慈悲心にてさふらうべきと云々。

（現代語訳）

一　慈悲には、(1)聖道（しょうどう）と(2)浄土(3)との変り目がある。聖道の慈悲というのは衆生を哀れみ、いとおしみ、育むことである。しかしながら、思うように助け遂げることは、極めて難しい。浄土の慈悲というのは、念仏して速やかに仏になり、大慈大悲(4)の心をもって、思いのままに衆生を利益(りやく)することをいうのである。

この世ではどんなにいとおしく不憫だと思っても、知ってのとおり助け遂げるのは難いことなのだから、この慈悲は首尾一貫するものではない。それゆえ念仏申すことだけが、一貫して徹底した大慈悲である、と親鸞聖人は仰せられた。

注

(1) **慈悲**――「慈悲」は仏教の根本である。仏教以前に中国語に「慈」、「悲」の語はあるが、「慈悲」はなかった。「慈悲」は仏教の根本を示すために生まれた言葉である。語源的な意味でいえば、親心で衆生を慈しみ、養護することを「慈」とし、衆生の苦しみをわが身の痛みのように痛切に感じ、衆生を苦から救い出そうとする心を「悲」とする。親心で、他者・他の命と痛みや喜びを共有することは「慈悲」の根本的な意味である。

(2) **聖道**――即ち聖道門。浄土門に対して、自力修行による、現世成仏。

(3) **浄土**――ここでの浄土は浄土門を意味する。聖道門の対語である。仏力によって、浄土に往生し成仏する。

(4) **大慈大悲**――仏と菩薩が一切の衆生を済度する大慈悲の心である。仏陀の悲はすべての衆生の苦しみをわが身の痛みのように感じる、同心同体の状態であるゆえに「同体大悲」という。また、その悲心は広大無辺なので、また「無蓋の大悲」ともいう。仏教における慈悲は三種ある。一には「衆生縁慈悲」である。即ち一切の衆生を赤子のように見て、楽を与え、その苦を除こうする。これは凡夫の慈悲であり、故に小悲という。二には「法縁慈悲」である。諸法無我の真理を悟ることによって起こる慈悲、仏になる前の菩薩の慈悲であり、中悲という。三には「無縁慈悲」である。すなわち、二元対立的な差別を超え、無分別智によって起る絶対平等の慈悲である。これは仏の慈悲であり、大慈大悲という。

五

（原文）

一　親鸞は父母の孝養のためとて、一返にても念佛まふしたることいまださふらはず。そのゆへは、一切の有情はみなもて世々生々の父母兄弟なり、いづれも〳〵この順次生に佛になりてたすけさふらうべきなり。わがちからにてはげむ善にてもさふらはゞこそ、念佛を廻向して父母をもたすけさふらはめ。たゞ自力をすてゝ、いそぎさとりをひらきなば、六道四生のあひだ、いづれの業苦にしづめりとも、神通方便をもて、まづ有縁を度すべきなりと云々。

（現代語訳）

一　親鸞は亡き父母の追善供養のためと思って、一遍でも念仏を称えたことはない。そのわけは、一切の有情(1)は、みな世世生生(2)の中で互いに父母となり、兄弟である。誰もが順次生(3)に、浄土で仏になり、助けることができるものである。もしも、念仏が我が力で励み行う善行であれば、それこそ、念仏の功徳を亡き父母に廻向(4)して父母をもたすけることであろう。しかし、そうではない。ただ、自力(5)を捨てて、速やかに他力念仏のさとりを開いたならば、六道(6)・四生(7)の中で、どんな業苦(8)に沈んでいようとも、仏の神通方便力(9)をもって、まず有縁(10)を救うことができるのであると親鸞聖人は仰せられた。

注

(1) **有情**——衆生の同意語。

(2) **世世生生**——生死流転の中での無数の生。

(3) **順次生**——この世の生の後の次の生である。ここでの順次生は「順次往生」、次の生に浄土に往生することを意味する。即ち、今生で命終の時、直に浄土に往生する。中国の仏教において、『摂大乗論』(インド無著著)を根拠に、念仏往生は〝順次往生〟ではなく、〝順後往生〟(隔生往生)だという説が多数派である。それに対して、浄土教の道綽・善導は『大無量寿経』を根拠に、念仏往生が「順次往生」であると主張。親鸞は道綽・善導の説を受け継いだ上、「現生正定聚」の説を主張する。(第十四章注「正定聚」を参照)

(4) **廻向**——自己が修する功徳善根を衆生に差し向け、衆生と共に菩提涅槃に趣入する。あるいは、自己が修する功徳善根をもって死者のために追善供養し、死者が安養を得ることを期する。浄土宗においては、自己が修する功徳善根を衆生に差し向け、衆生と共に極楽浄土に往生する。あるいは、自己が修する功徳善根をもって死者のために追善供養し、死者が浄土に往生することを期する。親鸞は、廻向は、阿弥陀仏の願力の廻向であり、衆生の自力の行いではないという他力廻向を主張する。

（5）**自力**――他力の対語である。自己の力に依り、解脱を得ること。それに対して仏の力に依り、解脱を得ることを他力という。親鸞の思想の中での他力はすなわち、阿弥陀仏の本願力である。

（6）**六道**――衆生が生死流転する場である。この場に天・人・阿修羅・畜生・餓鬼・地獄の六道がある。

（7）**四生**――衆生の生死流転の中での四種類の出生。それは、卵生（卵の殻から出生ずる者）・胎生（母胎より生まれる者）・湿生（湿潤の地より生ずる者）・化生（托するところがない出生、無より有が化生する。例えば、過去の業により化生する者。）

（8）**業苦**――過去の悪業によって得られる苦報。

（9）**神通方便力**――神通は神通力ともいう。禅定を修することにより得られる無碍自在力である。方便は、権仮方便とも、善巧方便ともいう。仏と菩薩が衆生を真実の法に誘導するために、仮に化現する法門である。神通方便力は仏と菩薩が衆生の機縁に応じて種々の方便の法を用いて教化を施す功力である。浄土宗は『大無量寿経』に基づき、阿弥陀仏の本願力が神通方便力を有し、阿弥陀仏は衆生を済度するために、種々の身・種々の神通を示現し、種々の説法を行うと考える。

（10）**有縁**――仏教の一般においては、仏道と縁がある者、すなわち聞法により解脱の機縁に恵まれる衆生である。機縁に順縁・逆縁があり、順縁とは仏法に随順すること。逆縁とは仏法に逆違し、疑惑を抱くことである。親鸞は、「信順為因、疑謗為縁（信順を因とし、疑謗を縁として）」（『真宗聖教全書』二、二〇三頁）と説き、阿弥陀仏の本願の「慈」を「能生の因」とし本願の「悲」を「所生の縁」（『真宗聖教全書』二、三四頁）として、「世雄悲正欲恵逆謗闡提（世雄の悲、正しく逆謗闡提を恵まんと欲す」と、念仏の衆生は皆「逆謗」としての存在であり、皆阿弥陀仏の信順の因、逆謗の縁に恵まれる有縁とする。

六

（原文）

一　専修念佛（せんしゅうねんぶつ）のともがらの、わが弟子ひとの弟子といふ相論のさふらうらんこと、もてのほかの子細なり。親鸞は弟子一人ももたずさふらう。そのゆへは、わがはからひにて、ひとに念佛をまふさせさふらはゞこそ、弟子にてもさふらはめ。彌陀の御もよほしにあづかて念佛まふしさふらうひとを、わが弟子とまふすこと、きはめたる荒涼のことなり。つくべき縁あればともなひ、はなるべき縁あればはなるゝことのあるをも、師をそむきてひとにつれて念佛すれば、往生すべからざるものなりなんどいふこと、不可説なり。如來よりたまはりたる信心を、わがものがほにとりかへさんとまふすにや。かへすがへすも、あるべからざることなり。自然のことはりにあひかなはゞ、佛恩をもしり、また師の恩をもしるべきなりと云々。

（現代語訳）

一　専修念仏[1]の人々の中に、わが弟子だ、他人の弟子だ、という言い争いがあるが、これはもってのほかのことである。

親鸞は弟子一人も持っていない。そのわけは、我がはからいで人に念仏を申させるのであれば、それこそその人が我が弟子だともいえるであろう。しかし、ただ弥陀のお催しに預かって念仏申す人を、わが弟子だということは、まったくとんでもないことである。

自分に付き従うべき縁があれば一緒になり、離れるべき縁があれば離れるというだけのことであり、今までの師に背いて他の人について念仏すれば、往生できないものだなどとは、言うべきではないことである。如来より賜った信心を、わがものだとするのであろうか。そのようなことはどう考えても、あってはならないことである。

自然（じねん）[2]のことわりにあいかなうならば、おのずから仏恩をも知り、また師の恩をも知ることになると、親鸞聖人は仰せられた。

注

（1）**専修**――雑修の対語。専ら一行を修すること。対して、各種の修行を混合して修行することを雑修という。浄土宗において、専ら念仏の行を修することを専修念仏という。

（2）**自然**（じねん）――親鸞思想の核心を表す言葉である。親鸞は「自はおのずからといふ、（中略）然といふはしからしむということばなり。行者のはからひにあらず、如来のちかひにてあるがゆへに」（『末燈鈔』に『真宗聖教全書』二、六六三頁）と解釈し、「弥陀仏は自然のやうをしらせんれうなり」（『末燈鈔』に『真宗聖教全書』二、六六四頁）と、阿弥陀仏は自然の重さ・大きさを知らせる料（ためのもの・手立て）だと示している。すなわち、親鸞において、自然とは人間の計らいを超えた大いなる働きである。それは阿弥陀如来の本願の働きによって顕される。

七

（原文）

一　念佛者は無礙の一道なり。そのいはれいかんとならば、信心の行者には、天神・地祇も敬伏し、魔界・外道も障礙することなし。罪惡も業報を感ずることあたはず、諸善もおよぶことなきゆへなりと云々。

（現代語訳）

一　念仏というのは、無碍の一道である。そのわけはというと、信心(1)の行者には天神・地祇(2)も敬伏し、魔界(3)・外道(4)も行く手を妨げることはない、罪悪も業報(5)を感応することはできず、諸善も念仏に及ぶことがないからである、と親鸞聖人は仰せられた。

注

（1）**信心**――仏法を信受して疑わない心。浄土宗において、特に阿弥陀仏の本願力を信じることを強調する。

（2）**天神・地祇**――天上の諸神と地上地下海中などに住む諸鬼神。

（3）**魔界**――人の命を奪い、善行を妨碍する悪魔の世界。

（4）**外道**――仏教以外の宗教。

（5）**業報**――身・口・意の活動によって作り出した、未来の行動に影響を与える力を業という。業報とは、業の報い、業の果報ともいう。すなわち、身・口・意の活動が業因となり、業因の善悪によって、苦楽の果報を招くこと。招くことは仏教用語おいて、感応するという。

八

（原文）

一　念佛は行者のために非行（ひぎょう）・非善（ひぜん）なり。わがはからひにて行ずるにあらざれば非行といふ、わがはからひにてつくる善にもあらざれば非善といふ。ひとへに他力にして自力をはなれたるゆへに、行者のためには非行・非善なりと云々。

（現代語訳）

一　念仏は、行者[1]にとっては非行（ひぎょう）[2]であり、非善である。わがはからいで行ずるのではないから非行という。また、わがはからいで作る善ではないから非善という。ただただ、他力であり、自力をはなれているゆえに、念仏は念仏の行者にとっては、非行であり非善である、と親鸞聖人は仰せられた。

注

（1）**行者**——仏道を修行する者。念仏の法門においては、「念仏者」という。

（2）**行**——悟りの境界に達するための修行・行法。親鸞は称名念仏を「大行」とする。

九

（原文）

一　念佛まふしさふらへども、踊躍歓喜（ゆやくかんき）のこゝろおろそかにさふらふこと、またいそぎ浄土へまひりたきこゝろのさふらはぬは、いかにとさふらうべきことにてさふらうやらんと、まふしいれてさふらひしかば、親鸞もこの不審ありつるに、唯圓房おなじこゝろにてありけり。よく〳〵案じみれば、天におどり地におどるほどによろこぶべきことを、よろこばぬにて、いよ〳〵往生は一定とおもひたまふなり。よろこぶべきこゝろをおさへてよろこばせざるは煩惱の所為なり。しかるに、佛かねてしろしめして、煩惱具足の凡夫とおほせられたることなれば、他力の悲願は、かくのごとしのわれらがためなりけりとしられて、いよ〳〵たのもしくおぼゆるなり。また浄土へいそぎまひりたきこゝろのなくて、いさゝか所労のこともあれば、死なんずるやらんとこゝろぼそくおぼゆることも煩惱の所為なり。久遠劫よりいまゝで流轉せる苦惱の舊里はすてがたく、いまだむまれざる安養の浄土はこひしからずさふらふこと、まことによく〳〵煩悩の興盛にさふらうにこそ。なごりおしくおもへども、娑婆の縁つきて、ちからなくしておはるときに、かの土へはまひるべきなり。いそぎまひりたきこゝろなきものを、ことにあはれみたまふなり。これにつけてこそ、いよ〳〵大悲大願はたのもしく、往生は決定と存じさふらへ。踊躍歓喜のこゝろもあり、いそぎ浄土へもまひりたくさふらはんには、煩悩のなきやらんとあやしくさふらひなましと云々。

（現代語訳）

一「念仏申しておりますが、踊躍歓喜の心が十分に湧きあがってまいりません。また、急ぎ浄土へまいりたいと思う心もないのは、いったい何としたことでございましょうか」とお尋ね申し上げたところ、「親鸞にもそのような疑問があったのだが、唯円房も、おなじ心もちであったのだな。よくよく考えてみると、天に踊り地におどるほどによろこぶべきことを、よろこばない身であればこそ、いよいよ往生は一定[1]の身であると思わせていただくことである。よろこぶべき心を抑えてよろこばないのは煩悩の仕業なのである。このことを仏はかねて知っておられて、われらのことを煩悩具足の凡夫と仰せられているのであるから。他力の悲願[2]はこのようなわれらのためであるのだと知られて、いよいよ頼もしく思われるのである。また浄土へ急ぎまいりたい心がなくて、いささか病気でもすれば、死んでしまうのではなかろうか、と心細く思われることも、煩悩の仕業なのである。久遠の劫[3]より今まで流転してきた苦悩の故郷は捨て難く、いまだ生まれていない安養浄土は恋しく思えないことも、それほどによくよく煩悩が盛んだからなのであろう。しかし、名残惜しく思っても、この娑婆[4]の縁が尽きて、力なくして、今生が終わるときに、彼の浄土へはまいるのである。弥陀は、急ぎ浄土へまいりたい心がないものを殊にお哀れみくださるのである。これにつけてこそ、いよいよ大悲大願は頼もしく、われらの往生は決定していると思われるのである。

踊躍歓喜の心もあり、急ぎ浄土へまいりたいというのであれば、煩悩がないのであろうかと、かえっておかしき思われることであろう。」と親鸞聖人は仰せられた。

注

(1)**一定**──決定ともいう。不定の対語。疑う余地がない。決まっている。親鸞における「一定」は「正定聚」の意味を含んでいる。(第十四章注「正定聚」、第十二章注「不定」参照)

(2)**悲願**──悲は「抜苦」を意味する。悲の語源に「心＋非」で、羽が左右開いた様に、心が裂けるような切ない痛みの意を含んでいる。仏・菩薩が衆生の苦痛を忍びがたい想いで済度しようとする心を大悲心という。大悲心より発する衆生を済度する誓願を悲願という。

（3）**劫**——仏教における時間単位。刹那に対して、一劫は無始無終であり、永遠無限な時間である。劫に過去世・現在世・未来世が含まれている。

（4）**娑婆**——サンスクリット語「sahā」の音訳。また「娑呵」とも訳す。意訳は忍・忍土である。娑婆世界は釈尊が教化を行う現実の世界。この世界の衆生は悪に甘んじ、煩悩に堪忍し、そこから離れようともしないので、忍という。

十

（原文）

一　念佛には無義をもて義とす。不可稱不可說不可思議のゆへにとおほせさふらひき。そも〳〵かの御在生のむかし、おなじくこゝろざしをして、あゆみを遼遠の洛陽にはげまし、信をひとつにして、心を當來の報土にかけしともがらは、同時に御意趣をうけたまはりしかども、そのひとびとにともなひて念佛まふさるゝ老若そのかずをしらずおはしますなかに、上人のおほせにあらざる異義どもを、近來はおほくおほせられあふてさふらうよし、つたへうけたまはる、いはれなき條々の子細のこと。

（現代語訳）

一　念仏においては、無義をもって義とする。(1)計ることも、説くこともできない、不可思議であるからと（法然上人は）おおせられたことである。

そもそも、親鸞聖人がご在世の昔、同じ志をもって、はるばる京都まで苦労して歩みを運び、信を一つにして、心を当来世(2)の報土(3)にかけた仲間は、同じ時に親鸞聖人の御意趣を承ったのであったが、その人々に伴って念仏申されている数知れぬ老若の人たちがおられる。その中に、近頃、親鸞聖人の教えにない異義などを、多く言い合われているとのこと、人づてに伝え聞こえてくる。道理に合わないそれらの異義を次に子細に記すことにする。

注

（1）**無義をもって義とする**――ここでの「義」は重層的な意味を持っている。無義の「義」は、人間の思考を超える超越的な「義」である。それは現実の生活の裏に潜んでいる奥深い真実である。義とするの「義」は、人間の思考で理解できる現実の中での「義」である。それは如来が方便を以て、超越的な「義」を現実の中での「義」として開顕するものである。ここに、親鸞思想における念仏と現実との関係が窺える。つまり、念仏は音声や形のある教えを方便に、衆生を超越的な真実に導く法門であること。「法身無像而殊形並応、至韻無言而玄籍彌布。（法身は形にならないが、異なる形になって千差万別の現象に対応して現れる。奥義は言葉にならないが、経典の隅々までにあまねく布いている）」（『真宗聖教全書』二、一一一頁）

（2）**当来・当来世**――世は遷流・隔別の意にして、罪悪生死の衆生が常に生と死を流転するが故に、仏教に已（過去世）・今（現在世）・当（未来世）という三世説が説かれる。三世において、「当来世」は未来世である。三世とは、衆生の生死流転の場である。親鸞は、「十方三世の無量慧、同じく一如に乗じて正覚と号す」（十方三世無量慧、同乗一如号正覚）」（曇鸞『論註』）を引用し、それを踏まえて、「念佛の功は三世の時間に隔たれず、子の母を思ふがごとくにて　衆生佛を憶すれば　現前當來とをからず、如来を拝見うたがはず」（『真宗聖教全書』二、四九九頁）、「若衆生心憶佛念佛」といふは、もし衆生心に佛を憶し佛を念ずれば、現前當來必定見佛去佛不遠（中略）」といふは、今生にも佛をみたてまつり、當來にもかならず佛をみたてまつるべし」（『真宗聖教全書』二、五八二頁）と述べ、念仏の功に三世の隔たりが存在しないと主張する。したがって、念仏によって、生死流転の場から解放されるので、親鸞の説においての「当来世」は、「已」・「今」・「当」という生死流転の意味での三世を超える永遠の「当来」である。

（3）**報土**――第三章注参照。

十一

（原文）

一　一文不通のともがらの念佛まふすにあふて、なんぢは誓願不思議を信じて念佛まふすか、また名號不思議を信ずるかといひおどろかして、ふたつの不思議を子細をも分明にいひひらかずして、ひとのこゝろをまどはすこと。この條かへす〴〵も、こゝろをとゞめておもひわくべきことなり。誓願の不思議によりて、やすくたもちとなへやすき名號を案じいだしたまひて、この名字をとなへんものをむかへとらんと御約束あることなれば、まづ彌陀の大悲大願の不思議にたすけられまひらせて生死をいづべしと信じて、念佛のまふさるゝも、如來の御はからひなりとおもへば、すこしもみづからのはからひまじはらざるがゆへに、本願に相應して實報土に往生するなり。これは誓願の不思議をむねと信じたてまつれば、名號の不思議も具足して、誓願名號の不思議ひとつにして、さらにことなることなきなり。つぎに、みづからのはからひをさしはさみて、善惡のふたつにつきて、往生のたすけさはり二様におもふは、誓願の不思議をばたのまずして、わがこゝろに往生の業をはげみてまふすところの念佛をも自行になすなり。このひとは名號の不思議をもまた信ぜざるなり。信ぜざれども、邊地懈慢・疑城胎宮にも往生して、果遂の願のゆへにつゐに報土に生ずるは名號不思議のちからなり。これすなはち誓願不思議のゆへなれば、たゞひとつなるべし。

（現代語訳）

一　文章の一文をも読めない仲間が念仏申しているところに、「お前は誓願の不思議を信じて念仏申すのか、それとも、名号の不思議を信じているのか」といっておどろかして、この二つの不思議のいわれをもはっきりと解き明かさないで、人の心を惑わすということ。

　このことは、くれぐれも心を留めて判別しなければならないことである。誓願の不思議によって保ちやすく称えやすい名号を考え出されて、この名号を称える者を浄土へ迎えとろうと御約束のあることであるから、まず、弥陀の大悲・大願の不思議にお助けいただいて、生死[1]の世界を出離すべしと信じて、念仏を申すことも、如来の御はからいなのだと思えば、そこに少しも自らのはからいが混っていないがゆえに、本願に相応して真実報土に往生するのである。これは誓願の不思議をむねとして信じ申し上げれば、名号の不思議も具足して、誓願・名号の不思議は一つにして、全く異なることはないのである。

次に、自らのはからいをさしはさんで、善・悪の二つについて、その善が往生のたすけとなったり、悪が障りとなったりするというように二つに分けて考えるのは、誓願の不思議を頼まないで、わがこころに往生の業を励んで、申すところの念仏をも自力の行としてしまうのである。この人は名号の不思議をも、また信じないのである。しかし、信じていないけれども、辺地懈慢（へんちけまん）・疑城胎宮（ぎじょうたいぐう）(2)にも往生して、果遂（かすい）の願(3)があるゆえに、ついには報土に往生するのである。これは名号不思議の力であり、すなわち誓願不思議のゆえなのであれば、名号不思議と誓願不思議はただ一つであるのである。

注

（1）**生死**――業因・業縁により生まれかわり死にかわり流転すること。

（2）**辺地懈慢・疑城胎宮**――阿弥陀仏極楽浄土之方便化土。即ち、阿弥陀仏の本願を疑惑して雑修する者が生まれるところである。親鸞の説において、阿弥陀仏の方便化土に疑城・胎宮と懈慢・辺地の二種がある。辺地は極楽浄土の周辺地であり、仏智を疑う者が往生する国土である。懈慢は定善（心が散乱せずに一処に定めること）・散善（善事を積むこと）

を修する者が往生するところである。疑城・胎宮は阿弥陀仏の極楽浄土の中にある。疑惑心が混って諸功徳を修する者は、浄土に入っても、仏に会えないという。疑城は浄土の辺界にある七宝の城である。この城に生まれる者は五百年にわたって真仏を見ることができない。胎宮は阿弥陀仏の極楽浄土の中の華胎である。疑惑心が混って諸功徳を修する行者は浄土に入るけれども、華胎の中に閉じこもったまま、五百年にわたって真仏を見ることができない。

（3）**果遂の願**――第二十願。果遂は究極的に目的を達成すること。第二十願に「十方の衆生（中略）、我が名号を聞きて、念を我が国に係けて、もろもろの徳本を植えて、心を至し廻向して我が国に生まれんと欲わんに、果遂せずんば、正覚をとらじ」とあり、阿弥陀の国土を目指して自力の念仏を励む者も、ついに真実の報土に生まれ遂げさせようと誓うので、この願を果遂の願という。

十二

(原文)

一　經釋をよみ學せざるともがら、往生不定のよしのこと。この條すこぶる不足言の義といひつべし。他力眞實のむねをあかせるもろ／＼の正教は、本願を信じ念佛をまふさば佛になる、そのほかなにの學問かは往生の要なるべきや。まことに、このことはりにまよへらんひとは、いかにも／＼學問して本願のむねをしるべきなり。經釋をよみ學すといへども、聖教の本意をこゝろえざる條、もとも不便のことなり。一文不通にして、經釋のゆくぢもしらざらんひとの、となへやすからんための名號におはしますゆへに易行といふ。學問をむねとするは聖道門なり、難行となづく。あやまて學問して名聞・利養のおもひに住するひと、順次の往生いかゞあらんずらんといふ證文もさふらうべきや。當時專修念佛のひとゝ聖道門のひと、諍論をくわだてゝ、わが宗こそすぐれたれ、ひとの宗はおとりなりといふほどに、法敵もいできたり、謗法もおこる。これしかしながら、みづからわが法を破謗するにあらずや。たとひ諸門こぞりて、念佛はかひなきひとのためなり、その宗あさしいやしといふとも、さらにあらそはずして、われらがごとく下根の凡夫、一文不通のものゝ信ずればたすかるよし、うけたまはりて信じさふらへば、さらに上根のひとのためにはいやしくとも、われらがためには最上の法にてまします。たとひ自餘の教法すぐれたりとも、みづからがためには器量およばざればつとめがたし、われもひとも生死をはなれんことこそ諸佛の御本意にておはしませば、御さまたげあるべからずとて、にくひ氣せずは、たれのひとかありて、あだをなすべきや。かつは諍論のところにはもろ〱の煩惱おこる、智者遠離すべきよしの證文さふらふにこそ。故聖人のおほせには、この法をば信ずる衆生もあり、そしる衆生もあるべしと、佛ときおかせたまひたることなれば、われはすでに信じたてまつる。またひとありてそしるにて、佛說まことなりけりと、しられさふらう。しかれば往生はいよ〱一定とおもひたまふなり。あやまてそしるひとのさふらはざらんにこそ、いかに信ずるひとはあれども、そしるひとのなきやらんともおぼへさふらひぬべけれ。かくまふせばとて、かならずひとにそしられんとにはあらず。佛のかねて信謗ともにあるべきむねをしろしめして、ひとのうたがひをあらせじと、ときおかせたまふことをまふすなり、とこそさふらひしか。いまの世には、學文してひとのそしりをやめ、ひとへに論義問答むねとせんと、かまへられさふらうにや。學問せば、いよ〳〵如來の御本意をしり、悲願の廣大のむねをも存知して、いやしからん身にて往生はいかゞなんと、あやぶまんひとにも、本願には善惡淨穢なきおもむきをも、とききかせられさふらはゞこそ、學生のかひにてもさふらはめ。たま〳〵なにごゝろもなく本願に相應して念佛するひとをも、學文してこそなんどいひをどさるゝこと、法の魔障なり、佛の怨敵なり。みづから他力の信心かくるのみならず、あやまて他をまよはさんとす。つゝしんでおそるべし、先師の御こゝろにそむくことを。かねてあはれむべし、彌陀の本願にあらざることを。

（現代語訳）

一　経典やその解釈書を読み、学問をしない人々は、往生不定(1)であるということ。これはまったく論ずるにも足りない言い分だというべきである。

他力真実の趣旨を明らかにする諸の経論は、本願を信じて念仏を申すならば仏になると説いている。その他に何の学問が往生にとって必要であろうか。まったく、この道理に迷っているような人は、ぜひとも学んで本願の旨を知るべきである。経釈を読み学んだといっても、聖典の教えの本意を心得ないことは、もっとも痛ましいことである。文字一つ知らない、経典や注釈の筋道も知らない人が称えやすいようにとの名号であるゆえに、易行という。学問を趣旨とするは聖道門であり、難行と名づける。誤って学問して、名誉や現世利益の思いに留まる人の順次往生[2]は、いかがであろうかという証文(「ご消息」)もあるではないか。当時、専修念仏の人々と聖道門の人とが法論を企てて、わか宗こそすぐれている、他の宗は劣っていると言っているために、法敵も出てきたし、仏法を誇ることも起こったのである。これはかえって自らがわが仏法を破り謗ることになるのではないか。

たとえ、他の諸宗門がこぞって、「念仏は無能の人のためのものだ、その教えは浅薄で、下賤のものだ」と言っても、決して争わず、「われらのような下根[3]の凡夫、文字が読めない一文不通の者でも、信ずれば助かるということを承って信じておりますので、この上、上根[4]のひとにとっては賤しくても、われらのためには最上の仏法であるのです。たとえ、念仏以外の教法は優れているとしても、自らのためには器量が及ばないのですから、教えの通りには勤め難いのです。我も人もすべて生死を離れることこそ諸仏の御本意であらせられるのだから、私どもの歩みをお妨げなさらないでください」といって、憎らしい態度をとらなければ、どんな人が妨げをするだろうか。また、「諍論のところにはもろもろの煩悩が起こるから、智者はそれから遠く離れるのがよい」という証文もあるのである。

亡き親鸞聖人のおっしゃったことには、「この法を信じる衆生もあれば、謗る衆生もあるはずだと、仏が説き置き給うことであるから、私はすでに信じたてまつる。また謗る人があるからこそ、仏が説かれたことは真実であるのだと知らされるのである。そうであるから往生はいよいよ、一定と思わせていただくのである。もしも、誤って謗る人がいないならば、それこそ、どうして信じる人はあっても、謗る人がいないのだろう、とも思われるに違いない。このように申したからといって、必ず人に謗られるというのではない。仏が予ねて、信・謗ともにあるに違いないことをご承知の上で、人の疑いをなくそうと、教えを説き置いてくださったということを申すのである。」と、このようにおっしゃられた。

今の世には仏教の学問をして、人の謗りを止め、ひとえに論義問答を主旨としようと、身構えられておられるのであろうか。学問をすれば、それだけ、いよいよ、如来の御本意を知り、如来の悲願の広大の趣旨をも心得て、賤しい身では往生はどうだろうかと、危惧の念を持つ人に対して、本願には善・悪・浄・穢の区別のない趣旨をも説き聞かせられるならば、それこそ、仏教の学問をする者のねうちもあるであろう。しかし、たまたま、無心に本願に相応して念仏する人に対しても、学問してこそ往生できるといって脅かすことは、法の魔障[5]であり、仏の怨敵[6]である。これは自らが他力の信心を欠いているだけではなく、誤って他人を迷わそうとすることである。謹んで恐れなければならない、先師の御心に背くことを。兼ねて痛ましく感じざるを得ない、弥陀の本願に背いていることを。

注

(1) **不定**——定の対語。往生が決まっていない。(第九章注「一定」参照)
(2) **順次往生**——第五章注(3)参照。
(3) **下根**——鈍根ともいう。利根の対語。経典の文章を読んだり、理解したりすることができない行者。
(4) **上根**——利根ともいう。鈍根の対語。経典の文章をよく読んで理解することができる行者。
(5) **魔障**——魔はサンスクリット語 **mara**(魔羅)の略称。意訳は殺者、障礙である。すなわち、仏道・仏法を障礙する魔である。障礙という意味を強調するために、サンスクリット語の「魔」に漢語の「障」を加えて、「魔障」という。
(6) **怨敵**——怨は五力を障礙するもの(欺・怠・瞋・恨・怨)の一つである。怨は真実の智恵を障碍するものである。仏教の教えにおける怨敵とは、真実の智恵を障碍する邪魔ものだという意味である。

十三

(原文)

一　彌陀の本願不思議におはしませばとて惡をおそれざるは、また本願ぼこりとて往生かなふべからずといふこと。この條、本願をうたがふ、善惡の宿業をこゝろえざるなり。よきこゝろのおこるも宿善のもよほすゆへなり、惡事(あしきこと)のおもはれせらるゝも惡業(あくごう)のはからふゆへなり。故聖人のおほせには卯毛・羊毛のさきにいるちりばかりも、つくるつみの宿業にあらずといふことなしとしるべしとさふらひき。

またあるとき、唯圓房はわがいふことをば信ずるかと、おほせのさふらひしあひだ、さんざふらうとまふしさふらひしかば、さらばいはんことたがふまじきかと、かさねておほせのさふらひしあひだ、つゝしんで領狀まふしてさふらひしかば、たとへばひと千人ころしてんや、しからば往生は一定すべしとおほせさふらひしとき、おほせにてはさふらへども、一人(いちにん)もこの身の器量にてはころしつべしともおぼへずさふらうとまふしてさふらひしかば、さてはいかに親鸞がいふことをたがふまじきとはいふぞと。これにてしるべし、なにごともこゝろにまかせたることならば、往生のために千人ころせといはんに、すなはちころすべし。しかれども、一人にてもかなひぬべき業縁なきによりて、害せざるなり。わがこゝろのよくてころさぬにはあらず、また害せじとおもふとも百人千人をころすこともあるべしとおほせのさふらひしかば、われらがこゝろのよきをばよしとおもひ、あしきことをばあしとおもひて、願の不思議にてたすけたまふといふことをしらざることをおほせのさふらひしなり。そのかみ邪見におちたるひとあて、悪をつくりたるものをたすけんといふ願にてましませばとて、わざとこのみて悪をつくりて往生の業とすべきよしをいひて、やう〳〵にあしざまなることのきこへさふらひしとき、御消息に、くすりあればとて毒をこのむべからずとあそばされてさふらふは、かの邪執をやめんがためなり。またく悪は往生のさはりたるべしとにはあらず。持戒持律(じかいじりつ)にてのみ本願を信ずべくは、われらいかでか生死をはなるべきやと。かゝるあさましき身も、本願にあひたてまつりてこそ、げにほこられさふらへ。さればとて、身にそなへざらん悪業は、よもつくられさふらはじものを。またうみ・かわに、あみをひき、つりをして世をわたるものも、野やまにしゝをかり、とりをとりていのちをつぐともがらも、あきなゐをし、田畠をつくりてすぐるひとも、たゞおなじことなりと。さるべき業縁のもよほさば、いかなるふるまひもすべしとこそ、聖人はおほせさふらひしに、當時は後世者ぶりして、よからんものばかり念佛まふすべきやうに、あるひは道場にはりぶみをして、なむ〳〵のことしたらんものをば道場へいるべからずなんどゝいふこと、ひとへに賢善精進の相をほかにしめして、うちには虚假をいだけるものか。願にほこりてつくらんつみも宿業のもよほすゆへなり。さればよきこともあしきことも業報にさしまかせて、ひとへに本願をたのみまひらすればこそ、他力にてはさふらへ。『唯信抄』にも、「彌陀いかばかりのちからましますとしりてか、罪業のみなればすくはれがたしとおもふべき」とさふらうぞかし。本願にほこるこゝろのあらんにつけてこそ、他力をたのむ信心も決定しぬべきことにてさふらへ。おほよそ惡業煩惱を断じつくしてのち本願を信ぜんのみぞ、願にほこるおもひもなくてよかるべきに、煩惱を断じなばすなはち佛になり、佛のためには五劫思惟の願、その詮なくやましまさん。本願ぼこりといましめらるゝひとびとも、煩惱不浄具足せられてこそさふらうげなれ、それは願ほこらるゝにあらずや。いかなる惡を本願ぼこりといふ、いかなる惡かほこらぬにてさふらうべきぞや。かへりてこゝろをさなきことか。

〈現代語訳〉

一　弥陀の本願は不思議[1]であるからといって悪を恐れないことは、これはまた、「本願ぼこり」（本願に甘えている）といって、往生ができないということ。このことは本願を疑い、善悪の宿業[2]を心得ていないことである。よき心の起こるのも、宿善の催すためである。悪事が思われ、なされるのも、悪業の計らいのためである。故聖人の仰せには「兎毛・羊毛の先に付いている塵ほどのわずかな罪でさえ、宿業でないということはないと知るべきである」ということである。

また、あるとき、「唯円房は、私の言うことをば信ずるか」と仰せられたので、「その通り信じます」と申し上げたところ、「それでは、これから言うことに決して背かないね」と重ねて仰せられたので、謹んでお受けしましたところ、「それなら、たとえば人を千人殺してみないか。そうしたら、往生は決定する」と仰せになった。その時、「仰せではありますが、一人も、この身の器量では、殺すなどできそうにもありません」と申し上げたところ、聖人は「それなら、どうして親鸞が言うことに背くことはない、というのだ」と仰せられた。そして続けて、「これによって知ったであろう。何事も心のままになるものならば、往生のために千人殺せといわれれば、すなわち殺せるであろう。しかしながら、一人でも、それができるはずの業縁がないときは、殺せないのである。わが心が善くて殺さないのではない。また、殺害すまいと思っても百人千人を殺すこともあるのだ」とおっしゃたのは、私たちが、心が善いのが善いと思い、悪ければ悪いと思って、本願の不思議によってお助け下さるということを知らないことを、仰せになったのである。

かつて、邪見に陥った人があって、悪をなした者を助けようという願であらせられるからと、わざと好んで悪を作って、往生の業とすればよいといってさまざまな悪事をなしているということが伝えられたとき、手紙に「薬があるからといって、毒を好んではならない」と、お書きになったのは、このような邪執を止めようとするためである。まったく、悪は往生の障りになるものだというのではない。持戒・持律によってのみ本願を信じうるということならば、我らはどうして生死を離れることができようか。このような浅ましい身でも、本願に遇い奉ってこそまことに誇られるのである。だからといって、身に備えていないような悪業は、よもや、作られるものではあるまい。

また、海川に網を引き、釣りをして世を渡る者も、野山に獣を狩り、鳥を捕って命をつぐ人たちも、商いをし、田畠を作って世を過ごす人も、ただ同じことである。しかるべき業縁が催せば、いかなる振る舞いをもするのだ、と聖人は仰せられたことである。このごろ、いかに後世者[3]ぶりして、善人だけ念仏を申すのであるように、例えば、道場に貼り文をして「なになにのことをしたような人は、道場に入ってはならない」などということは、ひとえに賢善精進(けんぜんしょうじん)の相を外に示して内には虚仮を抱いている者であろう。

願に甘えて作る罪も宿業の催すゆえである。しかれば、善きことも悪しきことも業報[4]にさし任せて、ひとえに本願を頼み参らすればこそ他力というものである。『唯信抄[5]』にも「弥陀に、どれほどの力があるかと勝手に思い計って、罪業の身であるから救われ難いと思うのであろうか」と示されているのである。本願にすがる心があるからこそ、他力を頼む信心も決定するというものである。

おおよそ、悪業煩悩を断じ尽くして後、はじめて本願を信ずるというのであれば、願にすがる思いもなくてよいであろう。しかし、煩悩を断じるならば、すなわち仏になるのであり、仏には、五劫思惟(ごこうしゆい)[6]の願を凝らされたことも、その甲斐が無くなるであろう。

本願誇りといましめられる人々も煩悩不浄を具足しておられるようである。とすれば、それは願に甘えるというのではないのか。どのような悪を本願誇りというのか、どのような悪が誇らぬと言えるのであろうか。かえって心が幼いことではないか。

注

（1）**不思議**――不可思議、ともいう。思慮、言説を超える境界を指す。主に仏・菩薩の智恵と神通力の奥妙を示す。

（2）**宿業**――〝業〟、造作の意。行為、意志、無意識等の身心活動を含む。因果関係においては、業は過去の身・口・意の行為によって受け継がれた、現在と未来の身心活動に影響を与える作用・力である。宿業の〝宿〟は過去世、前世を意味する。〝業〟は善悪・苦楽の因果応報思想を含む。宿業観に前世・現世・来世などの輪廻転生の思想が含まれている。仏教以前に、印度古来の宿業の思想が流布している。仏教は従来の宿業観を用いたと同時に、消極的なその宿命観に、事物が縁によって生じ、縁によって転換し、縁によって消滅していくという縁起思想を入れることによって、宿業思想に質的な転換をもたらす。そこに、〝縁起〟を核心とする高次な仏教宿業思想が生み出される。仏教宿業観に、従来の善悪の業を汚染業とし、それと次元を異にする如来の願心の働きによって感応される業を清浄業とする。清浄業は汚染業を清浄にする力があるとする。親鸞の思想において清浄業が特に強調される。本章の「業報にさし任せて」という「業」は清浄業だとすべきである。

（3）**後世者**――また、遁世者、道心者ともいう。死後、浄土に生まれることを願う故に、世俗的な出来事を避け捨てて、念仏・誦経に専念し、後世の往生の資糧を蓄えようとする者。

（4）**業報**――業の応報、あるいは、業の果報ともいう。身・口・意の善悪の業因によって必ず招感する苦楽の果報である。（本章の注2〝宿業〟を参照）

（5）**『唯信抄』**——一巻。親鸞の法兄聖覚著。

（6）**五劫思惟**——五劫の期間の思惟。すなわち、弥陀仏が因位である法蔵比丘の時、四十八願を発する前に、かつて五劫にわたる長期間の思惟があった。劫は仏教の時間の単位であり、永遠無限の時間であり、刹那に対して、大時とも言う。五劫思惟は、四十八願が永遠無限の時空に生まれたことを意味すると同時に、それが理性的な思惟を超え、数量で計れない超越性をも示している。

十四

（原文）

一　一念に八十億劫の重罪を滅すと信ずべしといふこと。この條は、十惡五逆の罪人、日ごろ念佛をまふさずして、命終のときはじめて善知識のをしへにて、一念まふせば八十億劫のつみを滅し、十念まふせば十八十億劫の重罪を滅して往生すといへり。これは十惡五逆の輕重をしらせんがために、一念十念といへるか、滅罪の利益なり。いまだわれらが信ずるところにおよばず。そのゆへは、彌陀の光明にてらされまひらするゆへに、一念發起するとき金剛の信心をたまはりぬれば、すでに定聚のくらゐにおさめしめたまひて、命終すればもろ〳〵の煩惱惡障を轉じて無生忍をさとらしめたまふなり。この悲願ましまさずば、かゝるあさましき罪人、いかでか生死を解脱すべきとおもひて、一生のあひだまふすところの念佛は、みなことごとく如來大悲の恩を報じ徳を謝すとおもふべきなり。念佛まふさんごとに、つみをほろぼさんと信ぜんは、すでにわれとつみをけして往生せんとはげむにてこそさふらうなれ。もししからば、一生のあひだおもひとおもふこと、みな生死のきづなにあらざることなければ、いのちつきんまで念佛退轉せずして往生すべし。たゞし業報かぎりあることなれば、いかなる不思議のことにもあひ、また病悩苦痛をせめて、正念に住せずしてをはらん、念佛まふすことかたし。そのあひだのつみをばいかゞして滅すべきや。つみきえざれば往生はかなふべからざるか。攝取不捨の願をたのみたてまつらば、いかなる不思議ありて罪業をおかし、念佛まふさずしてをはるとも、すみやかに往生をとぐべし。また念佛のまふされんも、たゞいまさとりをひらかんずる期のちかづくにしたがひても、いよいよ彌陀をたのみ、御恩を報じたてまつるにてこそさふらはめ。つみを滅せんとおもはんは、自力のこゝろにして、臨終正念といのるひとの本意なれば、他力の信心なきにてさふらうなり。

（現代語訳）

一　一声の念仏によって、八十億劫の重罪を滅すと信ずるべきであるということについて。

このことは十悪[1]・五逆[2]の罪人が日ごろ念仏を申さないで、命終の時になって初めて善知識[3]に出合い、その教えによって「一声の念仏を申せば、八十億劫の罪を滅し、十念申せば十倍の八十億劫の重罪を滅して往生する」といっているのである。（注『観無量寿経』の言葉に対する誤解である）これは十悪・五逆の罪の重さを思い知らせるために一声の念仏、十声の念仏といったのかと思うが、これは、分別心で一念と十念を数字で計り、念仏に滅罪の利益を求めている受け取り方を示しているのである。それはいまだ我らが信じる他力信心には遠く及ばないのである。

その深いわけは、弥陀の光明に照らされつつまれるゆえに、一念を発起するとき、金剛の信心を賜るからには、すでに正定聚（4）の位におさめとりいただいて、命終すれば諸々の煩悩悪障を転じて無生忍（5）を覚らせてくださるのである。この悲願がおありにならなければ、我らのような浅ましい罪人が、どうして生死を解脱することができるかと思い、一生の間、申すところの念仏は、みなことごとく如来の大悲の恩を報じ、徳を感謝するものである、と思うべきである。

念仏を申すたびに、罪を滅ぼそうと信ずるならば、まさしく我が力で罪を消して往生しようと励むことになるのではないか。そうだとすれば、（分別心に囚われるので）一生の間思いと思うこと、みな生死の業縛に縛り付けられていないものはないのであるから、命が尽きようとするときまで、念仏をひまなく申し続けて、はじめて往生できるのである。ただし、業報により、限定される身であるから、いかなる不慮の出来事にも遇い、また病・悩・苦・痛に攻めたてられて、正念[6]に定まることができず、命終ることもあろう。念仏を申すことは難しい。その間の罪は、どのようにして滅したらよいのであろうか。罪が消えなければ、往生は叶うことができないのであろうか。

摂取不捨[7]の願を頼み奉るならば、どのような思いがけないことがおこって、罪業を犯して念仏を申すことができなくて命尽きても、速やかに往生を遂げられるにちがいない。また、念仏が申されるのも、ただ今、覚りが開かれようとする、その時が近づくにしたがって、いよいよ弥陀を頼み、御恩を報じたてまつることにほかならないであろう。

罪を滅しようと思って念仏を申すのは、自力の心で臨終正念（りんじゅうしょうねん）と祈る人の本意であれば、それは他力の信心がないのである。

注

（1）**十悪**――殺生・偸盗・邪淫・妄語・両舌（離間）・悪口（悪語で人を傷つける）・綺語（ほらを吹く）・貪欲・瞋恚（怒りと憎しみ）・邪見（愚痴・無明ともいう）。

（2）**五逆**――殺父・殺母・殺阿羅漢・和合僧を破壊する（僧の和合を破ること）・仏身に血を出す。

（3）**善知識**――また善友ともいう。悪知識の対称である。日常用語の中の「知識」とは意味が異なる。「知」の意は「智」に通じ、その人の心を知る智慧という。故に、この知識者は、善であれば、善知識となり、悪であれば、悪知識となる。我の心を知り、我を仏教の正道に導く人を我が「善知識」という。

（4）正定聚――三聚（正定聚・邪定聚・不定聚）の一つである。この語は阿弥陀仏の第十一願「国中人天、不住定聚、必至滅度者、不取正覚」に出ている。衆生の中の必ず悟りを証する者。聚は類聚・位である。見道以上の聖者は分別心などの煩悩を断じ尽し、よく顛倒見などの迷いを破り、畢竟不退などの利益を獲て、正しく涅槃の位に定まるゆえに正定聚と称する。（《倶舎論》巻十参照）親鸞以前には「彼土定聚」と解釈された。即ち来世に浄土に往生した後にはじめて正定聚の位につくということである。親鸞は「現生正定聚」を説き、念仏の行者は現生において、十種の利益を獲られるという。その中の一つが住正定聚である。真実の信心を獲る行者は、一声称念すれば、すでに阿弥陀仏に摂取不捨され、現生の世において、不退転の位に住し（永遠に六道輪廻に陥らない）、往生の道を歩み、来生の成仏が保証されるという。

（5）無生忍――無生法忍ともいう。無生はまた無生無滅ともいう。諸法の本質は実体がなく、「空」であるゆえ、生滅・変化がない。しかし、衆生はこの真理に迷い、生滅・有無に執着するので、煩悩が生じ、生死の迷途に流転することになる。忍とは真理を悟り、心が真理の中に安住することをいう。無生忍とは諸法の無生無滅の真諦を覚り、心がその中に安住し、動揺しないこと。

（6）**正念**――八正道の一。また諦念ともいう。すなわち、煩悩に惑乱されず、如実に諸法の本質・性相を憶念して忘失しない。浄土宗においては、諸々の煩悩に臨んでも惑乱されず、心が錯乱したり顛倒したりせずに、一心に阿弥陀仏の名号を念じることを正念という。（『観無量寿経』・『観経疏』「散善義」・『往生礼讃』「前序」参閲）。

（7）**摂取不捨**――阿弥陀仏は念仏の衆生を摂取して捨てない。

十五

（原文）

一　煩悩具足の身をもて、すでにさとりをひらくといふこと。この條、もてのほかのことにさふらう。即身成佛は眞言秘教の本意、三密行業の證果なり。六根清淨はまた法華一乗の所說、四安樂の行の感徳なり。これみな難行上根のつとめ、観念成就のさとりなり。來生の開覚は他力浄土の宗旨、信心決定の道なるが故なり。これまた易行下根のつとめ、不簡善悪の法なり。おほよそ、今生においては煩悩悪障を断ぜんこと、きはめてありがたきあひだ、眞言・法華を行ずる浄侶、なをもて順次生のさとりをいのる。いかにいはんや、戒行・慧解ともになしといへども、彌陀の願船に乗じて生死の苦海をわたり、報土のきしにつきぬるものならば、煩悩の黒雲はやくはれ、法性の覺月すみやかにあらはれて、盡十方の無礙の光明に一味にして、一切の衆を利益せんときにこそ、さとりにてはさふらへ。この身をもてさとりをひらくとさふらうなるひとは、釋尊のごとく種々の應化の身をも現じ、三十二相・八十随形好をも具足して、説法利益さふらうにや。これをこそ今生にさとりをひらく本とはまふしさふらへ。和讃にいはく、「金剛堅固の信心の、さだまるときをまちゑてぞ、彌陀の心光攝護して、ながく生死をへだてける」とはさふらへは、信心のさだまるときに、ひとたび攝取してすてたまはざれば、六道に輪廻すべからず。しかれば、ながく生死をばへだてさふらうぞかし。かくのごとくしるを、さとるとはいひまぎらかすへきや、あはれにさふらうをや。淨土眞宗には、今生に本願を信じて、かの土にしてさとりをばひらくとならひさふらうぞとこそ、故聖人のおほせにはさふらひしか。

（現代語訳）

一　煩悩具足(1)の身のままで、すでにさとりを開くということ。

　このことはもってのほかのことである。即身成仏(2)は真言秘教の教えの根本であり、三密(3)の行業(4)を修めて得られる証果(5)である。六根(6)清浄は、また法華一乗(7)の教の説くところであり、四安楽行(8)によって感得される功徳である。これらは皆、難行(9)上根(10)の人がはげむことであり、観念によって成就する覚りである。

来生に覚りを開くことこそ他力浄土の根本であり、信心が決定する道だからである。これはまた、易行・下根の人の勤めであり、世間の善人・悪人を問わない法である。

およそ、この現生においては煩悩・悪障を断ち切ろうとすることは、きわめて困難なことであるから、真言・法華の教えを修行する浄らかな僧侶でさえ、なお、順次生[11]の覚りを祈るのである。いわんや、我らは戒律を守って修行することも、知力で教えを理解することもできないにしても、弥陀の願船に乗じて、生死の苦海を渡り、報土の彼岸に着いたならば、煩悩の黒雲は早速に晴れ、法性の覚りの月は速やかにあらわれて、尽十方の無碍の光明に一味にして一切の者を利益[12]するその時にこそ覚りをひらいた、ということである。

この身のままで覚りを開くという人は、釈尊のように、種々の応化身[13]をも現し、三十二相[14]・八十随形好[15]をも具足して、説法し、利益を与えるというのであろうか。この釈尊のおすがたこそ、今生に覚りを開く手本とは申すのではないか。

親鸞聖人は『高僧和讃』に、「金剛堅固（こんごうけんご）の信心の、定まるときを待ちえてぞ、弥陀の心光（しんこう）に摂護（しょうご）して、永く生死を隔てることだ」と、おっしゃっているからには、信心の定まる時に、弥陀はひとたび摂取してお捨てにならないから、我らが六道に輪廻（りんね）することはないのである。だからこそ、永く生死の迷いを遠ざけることになるのである。このように信知することを、どうして「さとる」と言い紛わすのであろうか。気の毒なことではないか。「浄土真宗においては、今生に本願を信じて、彼の土において覚りを開くのであると、法然上人に学んだものだ」ということこそ、故聖人のおっしゃったことである。

注

（1）**煩悩具足**——心身が煩悩に塗（まみ）れているのは、人間存在の本質であるという意味で、仏教においては、人間を煩悩具足の存在とみなす。第二章注「煩悩」を参照。

（2）**即身成仏**——現生成仏ともいう。菩提心を発すると、現在の身のまま、この身に即して、そのまま仏となるという意味。日本真言宗の開祖である空海は『即身成仏義』で仏と一体化し、仏となると説いている。日本天台宗の開祖である最澄も、『法華経』を根拠に、衆生が『法華経』の経力によって、即身成仏ができると主張する。親鸞はこれを真言密教の立場、難行・聖道門の修行に帰類する。（「愚禿鈔」『真宗聖教全書』二、四五五、四六六頁）

（3）**三密**——秘密の三業、主に密教の用語として採用される。身密（手で法印を結ぶ）、口密（口に真言を称する）、意密（心に如来の本尊を観ずる）。

（4）**行業**——身・口・意の行が作った業。

（5）**証果**——真理を証して果位に入る。ここでは、大日如来の三密に相応することによって覚りを得ることを意味する。

（6）**六根**——六種の感覚器官とその機能。眼根（視覚器官と視覚機能）・耳根（聴覚器官と聴覚機能）・鼻根（嗅覚器官と嗅覚機能）・舌根（味覚器官と味覚機能）・身根（触覚器官とその機能）・意根（思惟器官とその機能）。

（7）**法華一乗**——『法華経』に説かれた一乗教。天台宗はこれを究極の真実の教とする。

（8）**四安楽行**——『法華経』「安楽行品」に説かれる心身の安楽を得られる四種の行法である。身・口・意の安楽行と誓願安楽行。

（9）**難行**——第一章注「易行道」参照。

（10）**上根**——第十二章注参照。

（11）**順次生**——第十二章注参照。

（12）**利益**——仏法に随順することによって得られる恵み・功徳。現世に得られる利益を現世利益、来世に得られる利益を後世利益という。除災招福を現世利益とする通説に対して、浄土真宗では、念仏して滅罪・護念・見仏などが得られることを現益、死後浄土に生まれることを当益とする。親鸞においての利益には、現世と来世の隔たりがなく、現益と当益も二元対立的な意味を持っていない。親鸞は、念仏すれば、「現前当来とをおかず」、「三世の重障みなながらかならず転じて軽微なり」（「浄土和讃」『真宗聖教全書』二）と説き、如来の大悲の廻向の利益を強調する。特に、現世に真実信心に出遇い、正定聚の位につき、往生の道を歩み、将来の成仏が保証されるという現世利益を力説する。（第十章注2「当来世」参照）

(13) **応化身**――仏の三身(法身・報身・応身)。応は応現、衆生の機類に応じてさまざまな身を現すのを応という。化は変化である。衆生の縁に応じてさまざまに変化することを化という。

大乗仏教において仏の衆生救済の働きにより、「一仏多身」を説く。仏身の数量と名称については、諸説紛々であり、その中で、『金光明最勝王経』に説かれる〝法身・報身・応身〟の〝三身〟は基本的な説である。〝身〟は、聚集の義である。法性の聚集を「法身」という。「法身」は梵語「達摩加耶」の音訳である。即真如、法性、宇宙万有の本体である。真如、法性は究極的な体であり、永遠不変・無分別・無形・不可説・湛然不動である。智恵の法の聚集を「報身」という。報身は大悲を体とし、具体的な姿が現れない。即ち、仏が大悲をもって真如、法性を衆生に開顕するものである。功徳法の聚集を「応身」という。「応身」は また「応化身」、「化身」ともいう。即ち、衆生を済度するために、如来は慈悲方便をもって衆生の機に応じて種々の身を権現する。例えば、釈迦牟尼仏である。(「久遠実成阿弥陀仏 五濁の凡愚を あはれみて 釈迦牟尼仏としめしてぞ 迦耶城には 応現する」「浄土和讃」『真宗聖教全書』二、四九六頁)三身の中、法身が「本」であり、「本」より、他の二身が生み出される。浄土教も阿弥陀仏の多身を主張するが、各祖師の説がそれぞれである。親鸞は、『大無量寿経』に基づき、阿弥陀仏が「法身・報身・化身」を証成したと明示した上、念仏の衆生が人生の中で値遇したすべての人、すべての出来事などは、みな阿弥陀仏の化身の働きの顕現であり、みな阿弥陀仏に賜る救済の機縁であると受

ふとも、さすがよからんものをこそ、たすけたまはんずれとおもふほどに、願力をうたがひ、他力をたのみまひらするこゝろかけて、邊地の生をうけんこと、もともなげきおもひたまふべきことなり信心さだまりなば、往生は彌陀にはからはれまひらせてすることなれば、わがはからひなるべからず、わろからんにつけてもいよ〳〵願力をあをぎまひらせば、自然のことはりにて柔和・忍辱のこゝろもいでくべし。すべてよろづのことにつけて、往生にはかしこきおもひを具せずして、たゞほれぼれと彌陀の御恩の深重なること、つねにおもひいだしまひらすべし。しかれば念佛もまふされさふらう。これ自然なり。わがはからはざるを、自然とまふすなり。これすなはち他力にてまします。しかるを自然といふことの、別にあるやうに、われものしりがほにいふひとのさふらうよし、うけたまはる。あさましくさふらう。

（現代語訳）

一　信心の行者[1]は思わず腹を立てたり、悪事を犯したり、同朋同志[2]と口論をしたときは、かならず廻心せよということ。これは、断悪修善の思いなのであろうか。

一向専修[3]の人においては、廻心ということはただ生涯に一度しか有り得ないはずである。その廻心とは、今まで本願他力の本義を知らない人が、弥陀の智慧を賜って、今までのような心では往生は叶うはずがないと思い知って、今までの心を引き換えて本願を頼み申し上げることこそ廻心と申すのである。

日々の一切の事について、朝に夕に廻心し往生を遂げるのであれば、人の命は吐く息が吸う息と入れ替わる、そういう一呼吸のわずかな間も待たずに急に終わることもあるから、廻心もせず、柔和忍辱（にゅうわにんにく）(4)の心にも安住しない先に命が尽きるならば、弥陀の摂取不捨の誓願は空しくなってしまうでのあろうか。口では願力を頼み奉るといいながら、心には、いくら悪人を助けようという誓願が不思議であると言っても、やはり善い者をこそお助けくださるであろうと思って、願力を疑い他力を頼み申しあげる心が欠けて、辺地（へんじ）(5)の生を受けることは、最も嘆くべきことである。

信心が定まるならば、往生は阿弥陀仏に計らわれるのであって、我が計らいであるはずはない。悪ければ悪いにつけて、いよいよ、願力を仰ぎ申し上げるならば、自然（じねん）(6)の道理によって柔和忍辱の心も出てくるであろう。万事につけて、往生には小賢しい思いを具えず、ただほれぼれと弥陀の御恩の深重であることを、常々思いだすべきである。そうすれば、おのずと念仏申されるのである。これが自然である。私（人間）がはからわないことを、自然（じねん）というのである。これがすなわち他力ということである。ところが、自然ということが別にあるように、我こそと物知り顔にいう人もあるように伝え聞く。あさましいことである。

注

（1）**信心**——第六章注1参照

（2）**同朋**——また同行ともいう。同心に仏道を歩む仲間。大乗仏教において、切磋琢磨し、心を同じくし、志を斉しく、一つの船に乗るような仲間が欠ければ、仏道を成し遂げがたいとしている。親鸞は信心を共にする念仏の仲間を同朋とも同行ともいう。

（3）**一向専修**——一向は専心、専に、余行余善に心を向けず、専ら念仏の一行を修すること。

（4）**柔和忍辱**——心が柔軟にして真理に随順し、自然に背かないことを「柔和」、あるいは「柔順」という。他人から侮辱や害を受けたり、悩まされたりしても、憎しみや怒りの心を生じない。自らが苦しみに遇っても心が動じない。真理を証し、真理に安住することを「忍辱」、あるいは「忍」という。『法華経』に心が柔和忍辱になれば、すなわち、一切の瞋・怒を防ぐことができると説かれている。

（5）**辺地**——第十一章注3参照

（6）**自然**——第六章注2参照

十七

（原文）

一　邊地往生をとぐるひと、つゐには地獄におつべしといふこと。この條、なにの證文にみへさふらうぞや。學生だつるひとのなかに、いひいださるゝことにてさふらうなるこそ、あさましくさふらへ。經論聖教を、いかやうにみなされてさふらうらん。信心かけたる行者は、本願をうたかふによりて、邊地に生じてうたがひのつみをつぐのひてのち、報土のさとりをひらくとこそ、うけたまはりさふらへ。信心の行者すくなきゆへに、化土におほくすゝめいれられさふらうを、つゐにむなしくなるべしとさふらうなるこそ、如來に虚妄をまふしつけまひらせられさふらうなれ。

（現代語訳）

一　辺地[1]の往生を遂げる人は、最終的に地獄に堕ちることであろうということ。このことは、いったいどのような経典の証文に見えるというのであろうか。学生[2]ぶるような人の中で言い出されたことだからこそ、嘆かわしいことである。経典やその解釈など、聖教をば、どのように読んでおられるのであろうか。

信心の欠けている行者は、本願を疑うによって、辺地に生まれ疑いの罪を償ってから後、報土[3]に往生し、覚りを開くのである、と承っている。信心の行者がすくないために、阿弥陀仏は、多くの者を化土[4]にすすめ入れられているのに、この人たちが最終的に浄土往生が空しくなり地獄に堕ちるであろうということは、如来に嘘偽りを申し付けられるものであろう。

注

（1）**辺地**――第十一章注3参照。

（2）**学生**――仏教を学び、研究する人。

（3）**報土**――第三章注3参照。

（4）**化土**――「真実報土」に対して、「方便化土」ともいう。阿弥陀仏の第十九・二十願の方便により成就される仮の浄土のこと。真実信心を得た者が真実報土に往生するのに対して、疑心（善悪を立場にする分別心）を抱き、自力で修行する者が浄土に往生しながらも、真実報土に入ることができないため、阿弥陀仏は巧みに方便を施して仮の浄土を化現し、この人たちをここにすすめ入れ、最終的に彼らを真実報土に入らせるのである。この仮の浄土を「化土」という。（第三章注3〝報土〟、北本『大般涅槃経』巻一、『教行信証』巻六参照。）

十八

（原文）

一　佛法のかたに、施入物の多少にしたがひて大小佛になるべしといふこと。この條不可説なり。不可説なり。比興のことなり。まづ佛に大小の分量をさだめんこと、あるべからずさふらうか。かの安養淨土の教主の御身量をとかれてさふらうも、それは方便報身のかたちなり。法性のさとりをひらひて長・短・方・圓のかたちにもあらず、青・黄・赤・白・黒のいろをもはなれなば、なにをもてか大小をさだむべきや。念佛まふすに、化佛をみたてまつるといふことのさふらうなるこそ、大念には大佛をみ、小念には小佛をみるといへるか、もしこのことはりなんどにばし、ひきかけられさふらうやらん。かつはまた檀波羅蜜の行ともいひつべし。いかにたからものを佛前にもなげ、師匠にもほどこすとも、信心かけなばその詮なし。一紙半銭も佛法のかたにいれずとも、他力にこゝろをなげて信心ふかくば、それこそ願の本意にてさふらはめ。すべて佛法にことをよせて、世間の欲心もあるゆへに、同朋をいひをどさるゝにや。

右條々は、みなもて信心のことなるより、ことおこりさふらうか。故聖人の御ものがたりに、法然聖人の御とき、御弟子そのかずおはしけるなかに、おなじく御信心のひともすくなくおはしけるにこそ、親鸞御同朋（おんどうぼう）の御なかにして御相論のことさふらひけり。そのゆへは、善信が信心も聖人の御信心もひとつなり、とおほせのさふらひければ、勢観房・念佛房なんどまふす御同朋達、もてのほかにあらそひたまひて、いかでか聖人の御信心に善信房（ぜんしんぼう）の信心ひとつにはあるべきぞ、とさふらひければ、聖人の御智慧才覚ひろくおはしますに一（ひとつ）ならんとまふさばこそひがごとならめ、往生の信心においては、またくことなることなし、たゞひとつなりと御返答ありけれども、なをいかでかその義あらんといふ疑難ありければ、詮ずるところ、聖人の御まへにて、自他の是非をさだむべきにて、この子細をまふしあげければ、法然聖人のおほせには、源空（げんくう）か信心も如來よりたまはりたる信心なり、善信房の信心も如來よりたまはらせたまひたる信心なり、さればたゞひとつなり、別の信心にておはしまさんひとは、源空がまひらんずる淨土へは、よもまひらせたまひさふらはじと、おほせさふらひしかば、當時の一向專修のひとびとのなかにも、親鸞の御信心にひとつならぬ御こともさふらうらんとおぼへさふらう。いづれも〳〵くりごとにてさふらへども、かきつけさふらうなり。露命わづかに枯草の身にかゝりてさふらうほどにこそ、あひともなはしめたまふひとびと、御不審をもうけたまはり、聖人のおほせのさふらひしおもむきをも、まふしきかせまひらせさふらへども、閉眼ののちは、さこそしどけなきことどもにてさふらはんずらめと、なげき存じさふらひて、かくのごとくの義どもおほせられあひさふらうひとびとにも、いひまよはされなんどせらるゝことのさふらはんときは、故聖人の御こゝろにあひかなひて御もちゐさふらう御聖教どもを、よく〳〵御らんさふらうべし。おほよそ聖教には、眞實・權假ともにあひまじはりさふらうなり。權をすてゝ實をとり、假をさしおきて眞をもちゐるこそ、聖人の御本意にてさふらへ。かまへて〳〵、聖教をみみだらせたまふまじくさふらう。大切の證文ども、少々ぬきいでまひらせさふらうて、目やすにして、この書にそえまひらせてさふらうなり。聖人のつねのおほせには、「彌陀の五劫思惟の願をよく〳〵案ずれば、ひとへに親鸞一人がためなりけり。さればそれほどの業をもちける身にてありけるを、たすけんとおぼしめしたちける本願のかたじけなさよ」と、御述懐さふらひしことを、いままた案ずるに、善導の「自身はこれ現に罪惡生死の凡夫曠劫よりこのかたつねにしづみつねに流轉して、出離の縁あることなき身としれ」といふ金言に、すこしもたがはせおはしまさず。さればかたじけなく、わが御身にひきかけて、われらが身の罪惡のふかきほどをもしらず、如來の御恩のたかきことをもしらずしてまよへるを、おもひしらせんがためにてさふらひけり。まことに如來の御恩といふことをば、さたなくして、われもひとも、よしあしといふことをのみまふしあへり。聖人のおほせには、「善惡のふたつ總じてもて存知せざるなり。そのゆへは、如來の御こゝろによしとおぼしめすほどにしりとをしたらばこそ、よきをしりたるにてもあらめ、如來のあしとおぼしめすほどにしりとほしたらばこそ、あしさをしりたるにてもあらめど、煩惱具足(ぼんのうぐそく)の凡夫、火宅無常(かたくむじょう)の世界は、よろづのことみなもてそらごとたわごと、まことあることなきに、たゞ念佛のみぞまことにておはします」とこそ、おほせはさふらひしか。まことに、われもひとも、そらごとをのみまふしあひさふらふなかに、ひとついたましきことのさふらうなり。そのゆへは、念佛まふすについて、信心のおもむきをもたがひに問答し、ひとにもいひきかするとき、ひとのくちをふさぎ、相論をたゝんがために、またくおほせにてなきことをも、おほせとのみまふすこと、あさましくなげき存じさふらうなり。このむねをよく／＼おもひときこゝろえらるべきことにさふらう。これさらにわたくしのことばにあらずといへども、經釋のゆくぢもしらず、法文の浅深をこゝろえわけたることもさふらはねば、さだめておかしきことにてこそさふらはめども、古親鸞のおほせごとさふらひしおもむき、百分が一、かたはしばかりをもおもひいでまひらせて、かきつけさふらうなり。かなしきかなや、さひはひに念佛しながら直に報土にむまれずして邊地にやどをとらんこと。一室の行者のなかに信心ことなることなからんために、なく〳〵ふでをそめてこれをしるす。なづけて『歎異抄』といふべし。外見あるべからず。

（現代語訳）

一　仏法のかた(1)に、施物の多少に従って、大きな仏になるか、小さな仏になるかがきまるということ。

　このことはまことに、まことに、言語道断である。道理に合わないことである。まず、仏に、大小という分量を定めようとすることは、あってはならないことであろう。彼の安養浄土(2)の教主である阿弥陀仏の御身の大きさについて経典に説かれてはあるが、それは方便報身(3)の姿である。法性の覚りを開き（諸法無相(4)の真理を覚り）、長短方円という形もなく、青黄赤白黒という色をも離れるのであれば、何を以て大小を定めるのであろうか。念仏を申すときに、化身仏を見奉る(5)ということになるならば、大念には大仏を見、小念には小仏を見る(6)といえるであろう。もしかすると、この説などにもこじつけられたものであろうか。

　それからまた、布施は檀波羅蜜(7)の行と呼ばれるのであろうか。いかに財宝を仏前にも投じ、師匠にも施しても、信心が欠けるならば、その意味がない。一紙半銭も仏法のかたに寄進しなくても、他力に心をなげて、信心が深いならば、それこそ願の本意であろう。すべて仏法にかこつけては、人は世間的な欲心があるから、施物の多少によって果報が違うなどと言って、念仏の同朋を言い脅かそうとしているのであろう。

右に挙げた条々は、いずれもみな、信心の異なるところから、起こってくるものであろう。故聖人のお話によると、法然聖人がまだご在世のころ、御弟子が数多かった中に、親鸞聖人と同じご信心の人が少なかったため、親鸞聖人と御同朋（おんどうぼう）の方々の間に、ご論争をなされたことがあったということである。そのわけは、「善信（親鸞）の信心も法然聖人の御信心も一つである」と、親鸞聖人がおっしゃったところ、勢観房や念仏房といった同朋たちがとんでもないことに言い争って、「どうして法然聖人の御信心と善信房の信心が一つであるはずがあろうか」と言われたので、「法然聖人の御智慧・才覚が広博であられるのに、私がそれと同じであるというのであれば、それこそ間違いであろうが、往生の信心においては、まったく異なることはない。ただ一つである」と親鸞聖人が御返答になったけれども、なお「どうしてそんなわけがあろうか」という疑問や非難があったから、結局のところ、法然聖人の御前で、自他の是非を定めなければならないということになり、ことの詳細を申し上げたところ、法然聖人の仰せられるには、「この源空（げんくう）（法然）の信心も如来より賜った信心であり、善信房の信心も如来よりたまわられた信心である。であるからただ一つである。これと別の信心をもっておられる人は、源空が参ろうとしている浄土へは、よもや来られることはありますまい」と、仰せられたことである。このことからも、今の、一向専修の人々の中にも親鸞の御信心とは異なることもあろうと思われるのである。以上はどれもこれも繰り言のようなことではあるけれども、ここに書きつけたのである。

朝露のようなはかない命が、枯草のような老いた身にわずかに残っている間に、相伴われてきた方々の御不審をも承り、聖人の仰せになったお言葉の御心を申し上げてお聞かせするのであるけれども、私が閉眼の後は、さぞかし、さまざまな異議が入り乱れて、締まりのないことにでもなるであろう、と嘆かわしく思われる。以上記してきたよう異議などをお互いに言い合っておられる人々に、言い迷わされたりすることがあるときは、故聖人の御心に合い適って、用いられた御聖教どもを、よくよく御覧になるがよいであろう。おおよそ、聖教には、真実（しんじつ）・権（ごん）仮（け）[8]ともに相交わっている。権を捨てて実を取り、仮を差し置いて真を用いるこそ、聖人の御本意なのである。決して決して、聖教を読み誤らないように願いたい。

そこで、大切な証拠となる文などを少々抜きださせていただき、信心の目やすとして、この書に添えさせていただくのである。

聖人の常の仰せには「弥陀の五劫思惟[9]の願をよくよく案ずれば、ひとえに親鸞一人がためであるのだ。されば、それほど多くの業をもっている身であるものを、たすけようとおもいたたれた本願がいかにかたじけないことであるか」と、御述懐なさったことを、いままた、思い巡らすに、善導の「自身はこれ現に罪悪生死の凡夫、曠劫よりこのかた、常にしずみ、常に流転して、出離の縁はまったくない身であると知りなさい[10]」という金言と、少しも違っておられないことである。

してみると、もったいなくも、親鸞聖人がご自身にひきよせて言われたのは、我らが自分自身の罪悪の深さのほどをも知らず、如来の御恩の尊いことをも知らないなかで迷っているのを、思い知らせようとするためであったのである。まことに、如来の御恩ということを心にかけることなく、我も人も、善し悪しということをのみ申し合っている。

聖人の仰せには「善悪の二つについては本当のところ、私は全く計れない。そのわけは、如来の御心に善しとお思いになるほど知りぬいたのであれば、真の善きことを知っているのであろうし、如来の御心に悪しとお思いになるほどに知りぬいたのであれば、真の悪さをも知りぬいたことになるであろう。しかし、煩悩具足の凡夫、火宅[11]無常[12]の世界は、万事、皆、空事・戯言であり、まことではないのであって、ただ一つ、念仏のみがまことである」と、仰せられたことである。

まことに、我も人も、空事をのみ申し合っている中に、一つの痛ましいことがある。というのは、念仏を申すことについて、信心の趣旨を互いに問答したり、人にも言い聞かせたりするとき、相手の口を塞ぎ、相論に打ち勝つために、まったく親鸞聖人の仰せにないことを、親鸞聖人の仰せである、とばかり申すことを、浅ましく嘆かわしく思うのである。この旨をよくよく思い解き、心得られるべきであろう。以上のことは、決して、私の言葉ではないといえども、経典や注釈の筋道も知らず、法文の浅深を心得わけていることもないから、きっと、おかしいことでもあるだろうが、亡き親鸞の仰せになったご趣旨の百分の一ほどの、片端ばかりをおもい出し、書き付けるのである。

悲しいことではないか、幸いに念仏の縁に恵まれて念仏を申しながら、直に報土に生まれないで、辺地(へんじ)に宿をとることは……。一門の同行の中に信心が異なることがないように、泣く泣く筆を染めてこれを記したのである。これを名付けて『歎異抄』といおう。乱りに世間の人に見せてはならない。

注

(1) **仏法のかた**――仏事を行う法要・寺院・道場・僧侶など。

(2) **安養**――安心、養身の意。西方極楽世界の異名である。例えば、安養国、安養浄土などの諸称である。

(3) **方便報身**――阿弥陀仏の報身の方便身である。この方便身は阿弥陀仏の慈悲方便に化現する仏身であり、化土におり、この土に往生する衆生を教化し、それを真実報土に導くように働く。ここでの「方便報身」は、応身の一つである。(第十五章注14「應化身」、第三章注3「報土」・「化土」参照)

(4) **諸法無相**――一切諸法の本性は皆空であり、空であるゆえに無性であり、相をもって示すことができない。即ち、色相・形相・声相等がない。《大宝積経》巻五、《北本大般涅槃経》〈狮子吼涅槃品〉参照。

(5) **化身仏を見奉る**――『観無量寿経』に「合掌・叉手して南無阿弥陀仏と称せしむ。仏名を称する故に、(中略)その時彼の仏、即ち化仏・化観世音・化大勢至が行者の前に至る」と説かれている。(『真宗聖教全書』一、一七頁、《大正大蔵経》第十二巻、三四頁)

(6) **大念には大仏を見、小念には小仏を見る**――法然の『選択本願念仏集』には、『大集月蔵経』(「日蔵分」第九意)云。「大念見大仏、小念見小仏」(大念は大仏を見、小念は小仏を見る)とある。(『真宗聖教全書』一、九四六頁)(注:ここに法然の誤がある。この文は『大方等大集経』の「日蔵分」にある)

（7）**檀波羅蜜**――波羅蜜、意訳は「到彼岸」である。大乗菩薩の必修の行である。この大行に乗ずるならば、生死の此岸から解脱の彼岸に至ることができる。それゆえ「到彼岸」という。檀波羅蜜、また「布施檀波羅蜜」ともいう。六波羅蜜・十檀波羅蜜の一である。因果応報の説によれば、布施が人を貪欲の心から離れさせ、善の果報をもたらす。例えば、仏・僧・貧しい人に衣・食等を布施すれば、必ず幸福の果報を招くという。親鸞は、布施が自力修善であり、他力信心が欠ければ、往生の因にならない。他力信心の中にすでに檀波羅蜜の功徳を具足していると考えている。「如来欲明持名功勝、先貶余善為少善根。所謂布施・持戒・立寺・造像・礼誦・坐禅・懺念・苦行・一切福業、若無正信、回向願求、皆為少善。非往生因。以称名故、諸罪消滅、即是多功徳・多善根・多福徳因縁。（如来、持名の功勝れたることを明らさんと欲す。先ず余善を貶して少善根とす。いわゆる布施・持戒・立寺・造像・礼誦・坐禅・懺念・苦行・一切福業、もし正信なければ、回向願求するに、みな少善とす。往生の因にあらず。（中略）称名をもっての故に、諸罪消滅す。すなわちこれ、多功徳・多善根・多福徳因縁なり。）『教行信証』に引用された元照律師『弥陀経義疏』の文である。（『真宗聖教全書』二、一六一頁）「以信心故、以菩薩摩訶薩則能具足檀波羅蜜乃至般若波羅蜜。」（信心をもってのゆえに、菩薩摩訶薩はすなわち、よく檀波羅蜜、乃至般若波羅蜜を具足せり。）『教行信証』に引用された北本『涅槃経』「迦葉菩薩品」の文。（『真宗聖教全書』二、六三頁）

（8）**真実・権仮**――真実と権仮は対語である。権・実ともいう。永遠に変わらない、究極的な、絶対の真実を実・真実という。一時的に仮の手だてとして設けたものを権・権仮。権は真実に誘い導くためであり、方便的な仮のものであるから、権仮という。権、また権仮、権方便ともいう。機に応じて適切に変化する権宜(けんぎ)の義。すなわち、仏が衆生を真実の法に導くために臨時に用いられる方便の法である。

(9) **五劫思惟**――第十三章注6参照

(10) **善導の「自身は……知りなさい」**――善導著『観経疏』の「深心」について解釈したところに出る文である。原文は次のようである。

「深心」者、即是深信之心也。(中略) 決定深信自身現是罪悪生死凡夫、曠劫已来、常没常流転、無有出離之縁。

深心と言ふは、即ちこれ深信の心なり。(中略) 決定して自身は現にこれ罪悪生死の凡夫、曠劫より已来、常にしずみ常に流転して、出離の縁あることなし。(『真宗聖教全書』一、五三四頁・『大正大蔵経』第三七巻)

(11) **火宅**――火宅は火災で燃えている家屋の意味である。火は五濁(衆生濁・見濁・煩悩濁・命濁・劫濁)に、宅は三界(欲界・色界・無色界)に喩える。煩悩に塗(まみ)れてもがいている状況にありながら、そのことを自覚せずに平気に生きている衆生の生存状態を、家屋に火の手がかかっているのに、子供がそれを知らずに家の中で遊んでいることに喩える。『法華経』巻二「比喩品」『大正大蔵経』第九巻)

(12) **無常**――法の本質は常住にして不変である「常住」の対語である。すなわち、現象世界はたえず変化し、森羅万象はみな因縁により生滅流転している。刹那の間に生滅して、常住しない。それゆえ、無常という。

十九

（原文）

後鳥羽院之御宇、法然聖人他力本願念佛宗を興行す。于時興福寺僧侶敵奏之。御弟子中狼藉子細あるよし、無實風聞によりて罪科に処せらるゝ人数事。

一。法然聖人并御弟子七人流罪、又御弟子四人死罪におこなはるゝなり。聖人は土佐國番多といふ所へ流罪、罪名藤井元彦男云々、生年七十六歳なり。親鸞は越後國、罪名藤井善信云々、生年三十五歳なり。

浄聞房　備後國　澄西禅光房伯耆國
好覚房伊豆國　行空法本房佐渡國

幸西成覚房善恵房二人、同遠流にさだまる。しかるに無動寺之善題大僧正、これを申あづかると云々。遠流之人々已上八人なりと云云。

書名

読者カード

●本書のご感想および今後の出版へのご意見・ご希望など、お書きください。
(小社PR誌『機』「読者の声」欄及びホームページに掲載させて戴く場合もございます。)

■本書をお求めの動機。広告・書評には新聞・雑誌名もお書き添えください。
□店頭でみて　□広告　□書評・紹介記事　□その他
□小社の案内で　(　)　(　)　(

■ご購読の新聞・雑誌名

■小社の出版案内を送って欲しい友人・知人のお名前・ご住所

お名前　ご住所 〒

□購入申込書(小社刊行物のご注文にご利用ください。その際書店名を必ずご記入ください。)

書名	冊	書名	冊
書名	冊	書名	冊

ご指定書店名　住所

都道府県

郵便はがき

料金受取人払

牛込局承認

9445

差出有効期間
令和3年11月
24日まで

162-8790

（受取人）

東京都新宿区
早稲田鶴巻町五二三番地

株式会社 藤原書店 行

ご購入ありがとうございました。このカードは小社の今後の刊行計画および新刊等のご案内の資料といたします。ご記入のうえ、ご投函ください。

お名前	年齢

ご住所 〒

TEL　E-mail

ご職業（または学校・学年、できるだけくわしくお書き下さい）

所属グループ・団体名　連絡先

本書をお買い求めの書店

市区郡町　書店

■新刊案内のご希望 □ある □ない
■図書目録のご希望 □ある □ない
■小社主催の催し物案内のご希望 □ある □ない

被行死罪人々
一番　西意善綽房
二番　性願房
三番　住蓮房
四番　安樂房
二位法印尊長之沙汰也。

親鸞改僧儀賜俗名仍非僧非俗、然間以禿字為姓被經奏聞了。彼御申状、于今外記廳に納ると云々。
流罪以後、愚禿親鸞令書給也。
(親鸞、僧儀を改て俗名を賜ふ、仍て僧にあらず俗にあらず、しかるあいだ、禿の字を以て姓として奏聞を經られおわんぬ。彼の御申し状、今に外記庁に納ると云々。流罪以後、愚禿親鸞と書しめ給ふなり。)

右斯聖教者、為当流大事聖教也。於無宿善機無左右不可許之者也。
(右斯聖教は、当流の大事の聖教とすなり。無宿善の機に於いて左右無く之を許すべからざる者なり。）

釋蓮如（花押）

（現代語訳）

後鳥羽院の御代に、法然聖人は、他力本願念仏宗を興し、これを盛んに広められた。時に、興福寺の僧侶がこれを敵視して朝廷に訴えた。法然聖人の御弟子の中に無法な振る舞いをする者ありとの事実無根の風聞によって、罪を科せられた人と人数について。

一　法然聖人並びに御弟子七人は流罪。また、御弟子四人は死罪に処せられた。法然聖人は土佐国の「番多」という所へ流罪。罪人としての俗名は藤井元彦男という。年齢、七十六歳である。

親鸞は越後の国に流罪。罪人としての俗名は藤井善信という。年齢、三十五歳である。

浄聞房は備後の国、澄西禅光房は伯耆の国、好覚房は伊豆の国、行空法本房は佐渡の国に、流罪。

幸西成覚房と善恵房の二人は同じく遠流に決まった。ところが、無動寺の善題大僧正（慈円）が朝廷に上申して、この二人の身柄を預かることになったということである。

遠流之人々は以上八人であるということである。

死罪に処せられた人々は、

一番　西意善綽房

二番　性願房

三番　住蓮房

四番　安楽房

これらの刑は、二位法印尊長(1)の采配で行われた。

親鸞は僧としての身分を改めて俗名を賜った。それで僧でもなく、俗人でもなくなった。であるから、しばらく禿の字をもって姓とすることを上奏して、認可された。その上奏した申し状は今も、外記庁に納められているという。流罪以後、「愚禿親鸞」とご署名になったのである。

右、この聖教（『歎異抄』）はわが宗門の大事な聖教である。宿善の機のない者には十分考慮することなく安易にこの書に接することを許してはならない。

釈蓮如(2)（花押）

注

（1）**二位法印尊長**――「法印」は日本僧位（法印・法眼・法橋）の一、全称「法印大和尚位」ともいい、日本僧綱の最上位である。尊長は鎌倉時代初期の僧侶、法勝寺執行であり、また出羽国羽黒山総長吏でもあり、通称は二位法印尊長という。

（2）**蓮如**――一四一五―一四九九。本願寺第八代。親鸞の第十世孫。生涯、巡化、宗旨の弘揚、宗門の中興に一身を捧げ、その遺文《御文》は宗門の聖典として尊ばれるところとなっている。故に、後世、蓮如を浄土真宗中興の祖と仰いでいる。

以上刑罰為二位法印尊長[1]之裁决。

親鸞被改僧名賜俗名，成為非僧非俗之人。所以自以“禿”字為姓，向朝廷申請獲准。此申請書至還保存在外記庁。

為此，被處流放罪以後，親鸞寫自己名字時，寫為“愚禿親鸞”。

此歎異抄為我浄土眞宗宗門的極其重要的聖典，無宿善之機，未経慎重斟酌不可軽易許之

釋蓮如[2] (花押)

註

(1) 二位法印尊長——“法印”為日本僧位（法印 · 法眼 · 法橋）之一。全稱為“法印大和尚位”。是日本僧綱之最上位。尊長為鎌倉時代初期的，法勝寺執行，其父是一條能保，也是羽國黒山総長吏，通稱二位法印尊長。

(2) 蓮如——（1415 ～ 1499）本願寺第八代。親鸞之第十世孫。生涯致力於教化，弘揚宗旨，中興宗門，其遺書《御文》被視為宗門聖典。所以，蓮如被後世尊為浄土眞宗中興之祖。

19

後鳥羽院的太上天皇的時代，法然上人興起了他力本願念佛宗，使其在民衆中廣泛傳播。当時，奈良的興福寺僧侶将此視之為佛教之敵，向皇上奏本非難。加之有流言蜚語説，法然上人的弟子中有人不守規矩。這本是毫無事實根拠的謡傳，但法然上人及其弟子中的数人因此罰之以法。具体事實如下。

一　法然上人與弟子七人被處以流放罪。弟子四人被處死刑。法然上人被流放於土佐國（現在的高知縣）的“番多”。罪人身份的俗名為藤井元彦男。當時法然上人七十六歳。

親鸞被流放於越後國（現在的新潟縣）。罪人身份的俗名為藤井善信。當時三十五歳。

此外，其他弟子的流放地如下。

浄聞房　備後國（現在的廣島縣）;澄西禅光房　伯耆國（現在的鳥取縣）; 好覚房　伊豆國（現在的静岡縣）; 行空法本房　佐渡國（現在的新潟縣）。

幸西成覚房善恵房二人本來也被處以流放罪，但無動寺之前代大僧（慈圓）出頭請願將二人收留。

被處以流放罪為以上八人。

被處以死罪的人如下

一　西意善綽房

二　性願房

三　住蓮房

四　安楽房

所引元照律師«彌陀經義疏»之文。(『眞宗聖教全書』二 161 頁)
“以信心故，以菩薩摩訶薩則能具足檀波羅蜜乃至般若波羅蜜。”
«教行信證» 所引北本 «涅槃經» ＜迦叶菩薩品＞之文。(«眞宗聖教全書») 二 63 頁)

(8) 眞實之教 · 權假之教——眞實 · 權假為對語。又稱為“權實”。眞實，又稱實。不虛之義。永久不變之窮極眞實，絶對眞實為“眞實”。與此相對，一時，暫設之法為權假。權假，又稱為權假方便。權謀暫用，権宜之義。即佛為引導衆生入於眞實法而暫用之方便法稱為“權假之教”。佛教將以“權假之教”開示“眞實”教稱為“顯示（顯露暁示”)。

(9) 五劫思惟——第十三章注 6 参照

(10)“自身現是……無有出離之縁”(善導的文) ——善導著 «観経疏» 中，関於“深心”的解釋之文。原文如下：
“深心”者，即是深信之心也。(中略) 決定深信自身現是罪惡生死凡夫，曠劫已來，常没常流轉，無有出離之縁。(『大正大藏經』第 37 卷 · (『眞宗聖教全書』一 534 頁)

(11) 火宅——火宅為着火的房屋。在此，以火比喻五濁（衆生濁· 見濁 · 煩惱濁 · 命濁 · 劫濁)，以宅比喻三界（欲界 · 色界 · 無色界)。火宅一詞，是將雖然為煩惱所纏身，在苦中煎熬，却不能自覺置身於苦，泰若無事的生存状態，比作児童不知火災之可怕，在着火的房屋中玩耍。)（出典 :『法華経』卷二「比喻品」『大正大藏經』第 9 卷)

(12) 無常——為法之本質常住不變之“常住”之對稱。意為現象世界無常變化。現象世界的森罗万象皆由因縁而生 · 滅 · 變化，於刹那間生 · 滅，不常住，故稱“無常”。

註

(1) 法事——又名佛事。為追福・植善根而从事的供佛・施僧・讀誦等活動。

(2) 安養——安心，養身之意。為西方極楽世界之異名。如安養國，安養浄土等諸稱。

(3) 方便報身——指阿彌陀佛報身中之化身。此化身是阿彌陀佛為酬報四十八願中的第十九願（修諸功徳愿）第二十願（系念定生願）等方便愿而化現於化土之佛身。即對應衆生千差万別之機縁而具現的種々身相。"方便報身"属於"應化身。"(参照第十五章註 14"應化身"，第三章註 3"報土"・"化土")

(4) 諸法無相——一切諸法本性皆空，若空無性，不可以相表示。即無色相・形相・声相等。参閲《大宝積經》卷五，《北本大般涅槃經》<狮子吼涅槃品>。

(5) 拜見化身佛——扨《観無量壽経》所説：合掌・叉手稱南無阿彌陀佛。由於稱念佛名，(中略) 彼土之佛，即化佛・化観世音・化大勢至來至行者前。(参閲《観無量壽経》。《眞宗聖教全書』一 17 頁《大正大藏經》第十二卷 345 頁)

(6) 大聲念見大佛，小聲念見小佛——此語出自法然的《選擇本願念佛集》。"『大集月藏經』(「日藏分」第九意) (注此處法然之注有誤。原典應是『大方等大集經』「日藏分」，不是『大集月藏經』) 云'大念見大佛，小念見小佛'"。(《眞宗聖圣教全書》一 946 頁)

(7) 檀波羅蜜——波羅蜜，意譯為"到彼岸"。通常指大乘菩薩必修之行。乘此大行能由生死之此岸達及解脱之彼岸，故稱到彼岸。檀波罗蜜又稱布施檀波羅蜜。六波羅蜜或十波羅蜜之一。布施能使人遠離貪心，招感善報。以因果報應之説，對佛・僧・窮人布施衣・食等必能招感幸福之果報。親鸞認為：布施為自力修善，若無他力信心，不為往生之因。他力信心之中已經具足檀波羅蜜之功德。"如來欲明持名功勝，先貶餘善為少善根。所謂布施・持戒・立寺・造像・礼誦・座禅・懺念・苦行・一切福業，若無正信，回向願求，皆為少善。非往生因。以稱名故，諸罪消滅，即是多功德・多善根・多福德因縁。"《教行信證》

1989年11月創立　1990年4月創刊

月刊

2020
2
No. 335

発行所　株式会社 藤原書店©
〒一六二―〇〇四一　東京都新宿区早稲田鶴巻町五二三
電話　〇三・五二七二・〇三〇一（代）
FAX　〇三・五二七二・〇四五〇
◎本冊子表示の価格は消費税抜きの価格です。

編集兼発行人
藤原良雄
頒価 100円

大地に生きる失われしアイヌ（人間）の精神性を追い求めてきた生涯！

今、アイヌの精神性を問う

『大地よ！　アイヌの母神、宇梶静江自伝』刊行にあたって

宇梶静江

昭和三陸地震のさなかに生まれ、幼年期から思春期、北の大地（アイヌモシリ）で差別を受けながら、貧しくも豊かな時を過ごした少女。二十歳にして勉学を志し札幌の中学に入学。卒業後、東京へ。やがて詩を書き、自らが人間（アイヌ）であることに目覚め、同胞（ウタリ）へ呼びかけるが、受け入れられず苦悶する日々。自らの表現を求める中、63歳にして、アイヌの伝統的刺繍法から、〝古布絵（こふえ）〟による表現手法を見出し、遅咲きながら大輪の花を咲かせる。苦節多き生涯を振り返り、アイヌの精神性、アイヌとしての生を問うた本格的自伝。　編集部

●二月号目次●

大地よ
重たかったか
痛かったか
（「大地よ――東日本大震災によせて」より）

大地震の中での誕生

私の生まれは、一九三三年三月三日。この日は、私の出生にとっても、世の中の動きについても、のっぴきならぬことが起こった日でした。自然災禍です。

　この日、海辺にいた母親は産気づき、動けなくなりました。難産で苦しんでいたのですが、その夜、突然に、大地に大きな揺れがきて、大騒ぎになったそうです。あまりの揺れの大きさに、「これは津波が押し寄せるのではないか」と言って、人々は小高い山へこぞって避難しました。

　そんな騒ぎのなかでも、母の陣痛は収まらず、父も、付き添っていた知人のおばさん方も、避難することができなかったということです。しばらくして高波も収まりましたが、陣痛は続き、その日も暮れかかった頃、ぼたん雪が降りだしました。その雪の中を、父は町のお医者さんを迎え、そのお医者さんが、超未熟児の赤ん坊を取りあげてくださった。その赤ん坊がこの私です。

　この大きな揺れのもとは、本州の三陸沖で起きた大地震でした。震源地では、津波によって何千人という方が亡くなり、大きな被害を被っていたそうです。私の生まれた地は、北海道浦河郡荻伏村字姉茶。六人姉兄弟で、上に姉と兄がいます。上から三番目に生まれた者です。この年の冬場も、家族は浜辺の村、浜荻伏で暮していました。

　そのようにして、やっと生まれた私は、両手に入るくらいの超未熟児、しかもしわしわで、まるで猿の子のような児でした。身体も虚弱で、すぐにも命が絶えそうで、生んでくれた母でさえ、諦めかけるような状態であったと言います。すぐにも神の国（カムイモシリ）に戻りそうだと、父は仕事仲間の同胞たちと共に、神（カムイ）にお願いの祈りを二度、三度とあげたそうです。

差別される日々

　十一歳にもなると、町へのお使いに行かされます。私は字が読めたということもあって、役場に使いにいくこともありました。普段のお使いは、父が飲むドブロクを醸すための米麹や、お茶の購入といった目的です。

　ある時、私はそのお使いで、役場のある町に近い路を麹屋さんに向って歩いていました。すると、町の方から、私と年齢も変らない、姉妹と思われる二人が歩いてきます。彼女たちは、すれ違いざまに、「アッ、〝犬〟が来た！」と言いました。私は咄嗟に振り向いて足もとを見ました。けれども、そこに犬はいません。二人は、ニタッ、と厭な笑いを浮かべ、素知らぬ顔で歩き去って行きました。

その瞬間、私は立ち止まり、足を前に進めることができなくなりました。犬といえば、この町に来るまでの途中、農家の脇を通る時、猛烈に吠えて近寄って来る犬がいました。農家の大人たちは笑って犬をけしかけてきます。そんなことがあった直後なので、瞬間的に振りむいたのです。

歩き去って行った和人の子どもたちは、こんなふうにアイヌをバカにして喜んでいるのです。その笑いは、今でも心の中で「気持ち悪いな、あの人たち」と思うくらい、ゾッとするものでした。なんていうのか、あれが人間なのかと……。

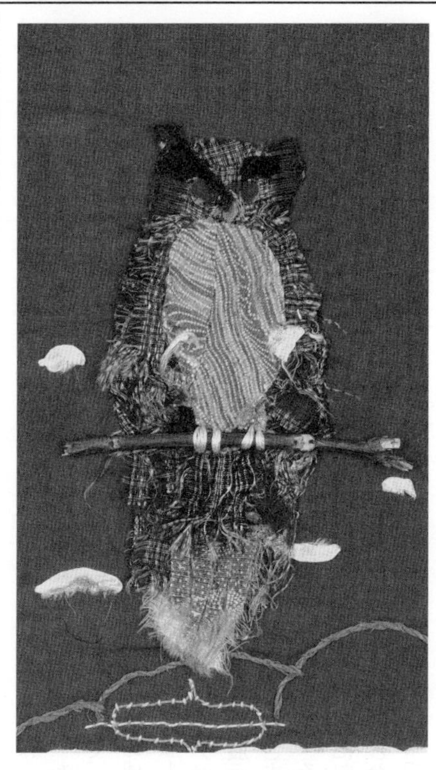

赤い目のシマフクロウ（古布絵作品、1996年）
著者が最初に制作した古布絵

学校へ行きたい

姉が亡くなり、供養祭が終わった時に、家族も親戚も知り合いも囲炉裏の回りに集まりました。その場で、誰かが「静江も来年二十歳になる」と。私は十九歳になっていました。そこで誰かが「静江も来年は二十歳になるから嫁に」と言ったとたんに、私は咄嗟に「嫁には行かない」と言っていました。そして「私は小学校五年生から学校へ行く」と言ったものだから、母はびっくりしていました。

アイヌの子どもたちが、中学校とか高校に、万に一人ぐらいしか行けない時代でした。私は泣きながら言いました。「学校へ行きたい」と。その時に父が、言葉で助けてくれました。「これからは、子どもを立派に育てるためには、教育も必要だろう」と言ってくれたのです。それで、みんなの意見の流れも変って、私の学校行きが許可されたのです。

「古布絵」との出会い

一九七二年二月八日に『朝日新聞』の紙面をお借りして、同胞に向って呼びかけた記事「ウタリ達よ、手をつなごう」。この記事によって、私の、アイヌの同胞との交流が始まりました。

一九七二年の冬（二月）、私は三十八歳。そして古布絵に出逢ったのは一九九六年の初夏、六十三歳の時です。その間、私が辿ったアイヌ同胞との関わりは二十五年に及びます。この二十五年間、あの呼びかけから、古布絵を見出すまで、同胞との交流は、当初企図した目的の成就にはほど遠く、私は悩み続けていました。

ある時、友だちに誘われて、デパートで催されている古布、ぼろ布の展示を見に行きました。デパート内にはさまざまなぼろ布が展示されていました。その中で壁に掛けられたA４程の額縁に収まった布絵二点に、私の眼は釘付けとなったのです。「えっ？　布の絵！　布で絵を表現できる！」この時、私は瞬間的に、幼児期から求めていた何かが、目の前に出現し、今この時とぴったりと重なり合っていることを感じていました。

ほんの幼子であった頃、まだ弟たちの子守をしなくてもよかった頃、いつも布遊びに興じていました。三センチ四方の布切れ数枚が私の遊びの友でした。白い布で丸い頭を作ってもらい、テルテル坊主の頭のようなものに、その数枚の布切れを着せ替え、飽きず繰り返し、布のお人形さんと遊んでいました。

少し成長して、弟たちの子守をいいつけられるようになり、やがて親のお手伝いをいいつけられるようになると、布遊びに興ずることは許されません。そんなわけで、少しでも自分の自由な時間を見つけては、誰にも邪魔されない場所で、こっそり人形遊びをしたり、書物を読んだりしていました。

田や畑で働くようになってからは、野良着が破れると、布当てして繕います。この繕うという行為こそが私の貴重な布を使った手作業の時間でした。絵を描けば「絵では食べていけない」と、文字を読めば「読んでいる時間があれば働け」

と。追われ追われた時間の中で、それでも何かを創る、創作するということを望んでいました。読みたい、描きたい、そうした想いをずっと懐に仕舞い込んできました。

そのように生きてきた私の心を、その二枚の絵は、一瞬にして、夢や希望に満ちた時へ呼び戻したのです。「A4程の絵が布で描かれている！」頭にカッと血が上った瞬間でした。

私は直ぐにでも、布や糸が置いてあるわが部屋に飛んで帰りたい衝動にかられましたが、友だちと同道していたので、いくら感動したからとはいえ、勝手に一人で帰ってしまうのをためらい、はやる気持ちを抑えて、夕刻、彼女と別れた後、いそいそと部屋に戻りました。

しばらく布で描くその喜びの世界に浸っていました。そして、「そうだ！ フクロウを描きたい！」と思いつきました。なぜなら、三十八歳で思いを世に投げかけたあの時から、数々の願いを行政に請願してきましたが、壁は厚く、行政は視界を閉ざし、アイヌの存在はほとんど無視された状態が続いていました。そうだ、アイヌの村に住むシマフクロウの眼を真っ赤につくり「アイヌはここにいるよ、見えますか？」という意味を込めて描こう、と思い立ったのです。シマフクロウに託したいと気づいたのです。

これが布絵と創作シマフクロウとの出逢いでした。そして、これまでの私の活動と創作の世界が交わり、重なった瞬間でした。

（構成・編集部）

（うかじ・しずえ／詩人、古布絵作家）

ブルデュー社会学の集大成であり、畢生の大作、完訳、三部作完結。

我らが悲惨な国家――『世界の悲惨』の意味

ピエール・ブルデュー

社会学者ピエール・ブルデューの畢生の大作『世界の悲惨』の完訳が、原書刊行後四半世紀にして、今月遂に三分冊完結となる。発刊直後、『レクスプレス』誌に掲載されたインタビューを抄録する。(聞き手＝S・パスキエ)　(編集部)

「国家の後退」の社会的意味

――社会的苦痛に対して、普通には沈黙してしまっているこのフランスですが、左翼が政権の座にあれば、一層の連帯をもたらすことができるとお考えでしょうか？

この二〇年の間、私たちが目にしてきた政策は、驚くべき一貫性を示しています。一九七〇年代、政治学院で教えられていた新自由主義的ヴィジョンが力を持ち始め、その次の段階で、国家の後退の過程が、一層はっきりと明確化しました。一九八三年から八四年頃には、私企業と利潤の崇拝と結び付いて、社会党の指導者たちは、集合的なメンタリティの根底からの変化を作りだし、マーケティングの全般的勝利につながりました。文化さえもそれによって汚染されています。政治においては、最悪のデマゴギーを基礎づけるために世論調査が利用されることが常態となっています。一部の知識人たちは、この集団的な転向に加担しました。この人たちは、少なくとも指導者層や特権者の間では、十分すぎるほどの成功を収めています。問題を混同し、混乱した思想に身を任せて、経済的自由主義が、政治的自由の必要にして十分な条件であること、その逆に、あらゆる国家介入は「全体主義」の脅威を内包しているということを示すことに努めたのです。彼らは、悪辣にも、不平等――彼らは、これを不可避だと判断しているわけですが――と闘おうとするあらゆる取り組みを、まずもって非効率的であり、それに加えて、それらは自由を犠牲にすることなしには行ないえないと論証しようとしてきたのです。

――つまり、彼らは、国家の本質的な機能をあげつらっているわけですね？

そのとおりです。私たちが知っている

ような――というより、おそらく、知っていたと過去形でしか語れませんが――国家は、その公の目的が公共奉仕、公的なものへの奉仕、一般利益への献身であるという、極めて独特な、ひとまとまりの社会的空間なのです。このすべてを嘲笑すること、例えば公的な目的や公共財の横領について知られているさまざまなあり方をあげつらうことは可能です。しかし、そうであっても、公式のもの――そして、私するためにではなく、奉仕するために権限を委任されている公式の人物――についての公式に存在する定義は、並はずれた歴史的発明であり、芸術や科学と同じ意味で、人類の達成成果なのです。退化と消滅の脅威に常にさらされている脆弱な獲得物ではありますが。このすべてが、今日過去に、そして時代遅れのものへと追いやられているのです。

――国家の後退は、社会的現実のなかでどのような意味があるのでしょうか？

一九七〇年代以降、住宅分野で、社会的な住宅への援助を後退させ、持ち家の取得を促進する政策によってそれは始まりました。ここでもまた、集合住宅を集団主義に結び付け、個人の小さな持ち家に政治的な自由主義の基盤を見出す、インチキの等式がもとにあるのです。そして、個人的なものと集団的なもの、持ち家と借家の二者択一をどう逃れるかは、誰も問題にしなかったのです。例えば、諸外国で行なわれているように、公営の一戸建て住宅を賃貸するという提案はありませんでした。右派のもとで以上に左派政権のもとでも、想像力は権力についていません。そして、我らが優秀なテクノクラートが予想していなかった結果にたどりついたのです。これらの空間は、もっとも恵まれない人びと、すなわち、より快適な場所に逃げ出す手段を持たない人びとが、そこに集中する吹き溜まりになってしまったのです。そこでは、経済危機と失業の影響のもとで、多少なりとも病理的な現象が増加し、今日では、テクノクラートの新しい委員会がそれを扱っているのです。

各社会的条件や位置の悲惨さについて

――（『世界の悲惨』に登場する）北フランスの団地の二人の若者、フランソワとアリ、チュニジア出身の労働者と郵便区分け所の女子労働者、文学の教員と組合活動家、これらの人びとの間にどのような共通点があるのでしょうか？

もっとも目に見える社会的苦悩は、もっとも恵まれない人びとの間に見られますが、より見えにくい苦痛は、社会世界のあらゆるレベルにあります。近代社会が、たがいに独立した複数の下位空間、社会的なミクロコスモスに分化しているというのは、そのもっとも主要な特質の一つです。それぞれの社会空間には、それぞれに固有のヒエラルキーがあり、それぞれの支配者と被支配者がいます。特権的な世界に所属しているが、その中ではぱっとしない地位しか占めていないということがありえます。例えば、パトリック・ジュースキントの戯曲『コントラバス』で描かれる、オーケストラの負け組演奏家などです。優越する者たちの中で劣位にある者たちの相対的な劣等性、トップ組の中のビリは、条件の悲惨には還元できないにもかかわらず、それと同様に現実的であり深刻である、位置の悲惨を定義するものです。

――社会学者は、自分が話を聞いている人の苦悩や憤りを本当の意味で理解できるのでしょうか？

その人が、社会世界において、占めている場所を見抜くことができれば、より厳密に言うと、ミクロな社会世界、〔勤務している〕企業なり、部門なり、部署なり、〔住んでいる〕地区なり、建物なりの中において、その人が、どこに、投資＝備給をしているのか、その人にとっての賭け金、情熱が、どこにあるのかを見抜くことができればです……。思考の中で自らをその場所に置く、本当の意味で、その人の立場に自分を置くということです。

――この問題を考えることは、なぜ重要なのでしょうか？

それは、これらの悲惨は、極限的な悲惨以上にではないにしても、それらと同じ程度には、人種差別主義や排外主義といった、しばしば一見すると理解しがたい、政治的な表象や政治行動を生み出しているからです。そしてそれに対して、憤りを対置したり、説教を垂れたりすることしかできていません。そしてまた、それらに苦しんでいる人びとは、苦悩や失望そして絶望を糧にしている、国民戦線を始めとする、犯罪的なデマゴーグである政治屋たちが喰いものにするのに、おあつらえ向きだからです。

経済主義を超えて

――国家の機能については、いかがお考え

でしょうか？

自由主義と社会主義の通常の二者択一――思考を硬直化させる二元論の一つです――を退けなければ、国家の機能を定義するのは不可能です。少なくともその厳密でラディカルな定義においては、二つのシステムは、社会世界の複雑さを経済の次元に還元し、政府を経済に奉仕させるという共通点があります。生産性と経済的利潤のみを考慮した政策がもたらす、社会的コスト、そして、最後まで分析すればですが、経済的コストがどれほどのものであるかを考えれば、十分にわかるはずです。

▲P・ブルデュー（1930-2002）

経済主義は、実践の完全な定義、完全に人間的な定義を、致命的に損壊してしまうということを推して知るべきです。失業、貧困、搾取、排除、つまり非人間化は、個人の苦悩だけでなく、アルコール中毒や薬物あるいは自殺によって、他者と自分自身に向けられた暴力という代償をもたらすのです。

――それが『世界の悲惨』の意味だということですね。

その一つです。私はつくづく思いますが、もし、我らがテクノクラートたちに、国家会計の中に、あらゆる形態の苦悩と苦悩の経済的なあるいは経済外的な結果を算入する習慣があれば、自分たちが成し遂げたと思っている節約は、しばしば極めて間違った計算だということが分かると思います。

（櫻本陽一訳）

（ブルデュー『介入I』より／構成・編集部）

第10回「河上肇賞」を受賞した気鋭の野心的作品。

日本の「近代家族」はどのようにして誕生したか

『近代家族の誕生――女性の慈善事業の先駆、「二葉幼稚園」』刊行にむけて

大石　茜

慈善事業の支援との触れ合い

日本における近代家族の成立は、大正期に新中間層が台頭したことにはじまり、戦後になって全国的に普及したと考えられてきた。サラリーマンの夫と専業主婦の妻によって構成された核家族が、子どもへの愛着に基づき子育てする家族が、典型的な近代家族と考えられてきたと言えるだろう。しかしながら、家族の変化は、新中間層という一部の階層でのみおこっていたことなのだろうか。

本書では、明治末・大正期の都市下層の家族と、そこに介入していった慈善事業から、近代家族の成立を捉え直すことを試みる。家族を形成・維持することの難しかった都市下層が、慈善事業の支援と接触することで、近代家族というあり方をどのように取り入れ、どのように生活を変化させていったのか。二葉幼稚園という一つの事例から、その変化を丁寧に拾い上げていく。

女性による下層家族への介入

本書で扱う二葉幼稚園は、一九〇〇（明治三十三）年に野口幽香（ゆか）（一八六六―一九五〇）と森島峰（美根とも書く、一八六八―一九三六）によって、東京・四谷に設立されたキリスト教系の慈善事業で、日本の先駆的保育事業として知られている。当時東京には貧民窟（ひんみんくつ）と呼ばれるスラム街が数多く存在していた。

二葉幼稚園は、明治の三大貧民窟の一つと呼ばれた四谷鮫河橋の子どもたちを対象とした事業を展開した。二葉幼稚園は今日も社会福祉法人二葉保育園として存続しており、二葉乳児院、二葉学園（児童養護施設）、二葉むさしが丘学園（児童養護施設）、二葉南元保育園、二葉楠木保育園を運営している。

数ある事例の中で、二葉幼稚園をとりわけ興味深いものにしているのは、女性による下層の家族への介入という特徴である。戦前の慈善事業と聞くと、その担い手の多くは女性であったと想像される

だろう。しかし実際には、日本の場合、理論的先駆者も実際の従事者も男性が圧倒的に多かった。そのような状況において、二葉幼稚園という存在は、参政権もなく政治的な権利に乏しい女性が、社会的な役割を認められ活躍した稀有な例である。本書では、この特殊な事例が成り立った背景の分析と、その社会的意義を、都市下層の家族との関わりに着目しながら検討していく。

▲野口幽香(左)と森島峰(右)
(『二葉保育園八十五年史』所収)

「近代家族」という共同性の構築

二葉幼稚園は、政府の意図や社会状況に影響され、利用されながらも、逆にそうした社会的背景を活かし、新たな領野を開拓していった。その際に大きな鍵となったのは、「近代家族」という共同性の構築であった。

こうした二葉幼稚園の事例の分析を通して、善意による事業が、単に国家に盲目的に動員されているのではなく、動員に巻き込まれながらも同時に、国家の意図とは異なる展開があり、独自の仕方での社会に変化をもたらしていたことを示したい。(「序章」より)

(構成・編集部/全文は本書所収)

(おおいし・あかね/筑波大学博士課程)

「公共（public）」とは何か!?　現代の諸問題を「公共」から見る。

世界の公共のあり方を問うことは、職場の日常のあり方を問うこと

『公共論の再構築――時間／空間／主体』刊行に向けて

中谷真憲

市場拡大の結果、世界に「外部」が無くなった

これまで企業活動が私的領域に位置づけられてきたのは、一つ一つの企業の活動は、私人による私的利益の追求行為であるとされてきたからである。他方、公共性とは、本質的に自己の世界に内在するものである。自己にとって無関係と認識する問題は、関心の対象とはならない。自己と深く関わると認識してはじめて、その問題は公共的なものとなる。これは二重構造である。

つまり、問題が自己とひと続きの中にあり、自己を世界の問題群の一つとして客体化しえた時に、自己のあり方（活動）が公共性の対象として意識される。つくり手の責任であれ、ジェンダー平等であれ、気候変動であれ、途上国の貧困問題であれ、同じことである。ＳＤＧｓ（持続可能な開発目標）が示しているのは、企業はそれらをよそ事、自己の世界の外部にあるものとして考えることは、もはやできなくなってきたということである。

ではなぜそうなったのか。それは、企業活動にとって、世界に「外部」がなくなったからである。利潤を追い、成長を追うシステムとして市場を拡大してきた結果、つまり次々に「外部」を市場に取り込んできた結果、地球全体が「内部」化されてしまった。地理的な意味だけではない。従来は、経済の外にあるとされてきた文化やアートの分野、あるいは政府活動領域にいたるまで市場化が進んだ。かくして経済にとっては逆に逃げ場がなくなったのである。征服すべき対象はなく、今や経済が世界そのものになったのである。

経済自身が経済のあり方を見直すしか、行き着くところはない。かつて資本主義は、その内部のプレーヤー（企業）にとってはむしろ制御しようのない自動システム＝外部システムであった。しかし、自動システムとして世界の隅々までも市場化したがゆえに、この資本主義のあり方自体を問い直すしか経済にとっての「外

部」はなくなった。こうして逆説的なことに、多くの企業にとって、資本主義が極大化しつくしてはじめて、資本主義そのものが客体化され内部化され、自己自身の問題として認識される契機を得たのである。

企業の活動は、具体的には職場における個々の生産活動であるから、経済システムを問い直すことは職場のあり方を問い直すことにつながる。**世界の公共のあり方を問うことが、職場の日常のあり方を問うこと**につながってきたのである。企業と公共との関わりに関して、ＳＤＧｓのもつ意味はこのような文脈でとらえるべきかと考える。

「経済」は市場社会だけではない

本来、市場社会だけが「経済」なのではない。私たちは資本主義の下の市場社会に慣れすぎて、交易（貿易・商業交換）、貨幣、市場を備えた市場社会を経済の姿そのものと考えがちだが、市場社会はむしろ広い経済の中で、そして歴史上でも、例外的な領域である。

ポランニーに従えば、原始社会の経済は互酬、古代社会のそれは再分配であり、近代社会のみが市場に基づいている。市場社会を構成する交易、貨幣、市場の起源もそれぞればらばらであり、その三つの組み合わせがつねに存在するわけではないのだ。

マリノフスキーの先駆的な研究が考察しているように、南太平洋トロブリアンド諸島の島々の間の「クラ」は、ソウラヴァ（赤い貝の首飾り）とムワリ（白い貝の腕輪）を用いた儀礼的な贈与交換のシステムである（ポランニーは互酬の代表とする）。交易として自立しているのではなく、念入りな儀礼の中に埋め込まれたものとして存在している（『西太平洋の遠洋航海者』）。

そもそも、交易つまり利潤を目的にした商業とは、外部の共同体との間で発生するものである。マルクスも、商品交換は共同体と共同体の間に発生する、と。ただ、マルクスはこの関係を機能的に見過ぎていたかもしれない。その間には、内部に入りきれない外部（周縁部）の問題が隠されているのに。日本に目を移しても、江戸期の平戸も安土桃山期の堺も、他領とは異なる独自の統治形態を認められていた。

（構成・編集部／全文は本書「終章」より）

話題の全著作〈森繁久彌コレクション〉（全5巻）！　第3回配本

森繁さんとの東宝での十五年間

宝田　明

ともに満洲からの引き揚げ者

私は昭和九年（一九三四年）生まれで、森繁さんとは常に二十年という歳の差があります。私が東宝に入りましたのは昭和二十九年（一九五四年）、最初に主役をいただいたのは「ゴジラ」でした。東宝に入りましたら、森繁さんという俳優がいて、一年後には私も現場で仕事をしておりましたので、シゲさんとすぐ話すことになりました。

「宝田君、君はハルピンから引き揚げか。俺は新京だ」「ああ、そうでございましたか」と、同じ満洲から引き揚げということで、肝胆相照らすと言いましょうか、いろんな話をしていただく御縁となったわけです。

私が東宝に入った時はちょうど二十歳、森繁さんが若々しい四十歳。私が三十の時は、森繁さんはバリバリ仕事をした五十歳。私が東宝で約十五年間、映画に出ておりました時、常に二十歳年上の森繁さんという方が大先輩でいらっしゃった。二人とも同じ満洲の気候風土の中で終戦を迎え、森繁さんはソ連の兵隊にピストルで撃たれそうになったり、私もソ連兵に撃たれて死ぬ思いもしましたけれども、そんなことを、森繁さんとは二十年の歳をのりこえて同じように語り合ったことを、今、夢のように思います。森繁さんと同じ撮影所での仕事、また舞台で一緒に仕事ができ、森繁さんを知ることができたということは、私にとって貴重な財産だし、誇りに思っております。

格調高い話術

森繁さんはアドリブで有名ですが、どのカットでも最後にちょろっと面白いことを言うので、スタッフがみんなくすくす笑ってしまう。監督も笑っちゃうんです。つまり人間の機微をついて絶妙なのです。ところが、テストを四、五回やって、さあ本番となると、アドリブを言わないんです。

「おい、宝田、おれはアドリブを言う

役者だとみんな思ってるだろうな」

「思ってますよ、おもしろくて」

「ところが俺は、その中で本当に二つか三つしか使っていない。あとは言わないんだ」

本番の時は、エッセンスしか言わない。「ああ森繁久彌、アドリブのうまい人」と言われますが、とんでもありません。アドリブに思えるようなしゃべり方をするんです。決してアドリブではない。井手俊郎、笠原良三が書いた台本通りにしゃべっている。でもアドリブでしゃべっているように聞かせる、見せる。すごいと思います。

それから、ロケーションに行きまして、深夜までロケバスの中で若い俳優さんもみんなで待つわけですけれど、そこで話し出すその猥談が、楽しくてしょうがない。もちろん女優さんたちもいるんです。最初のうちはみんな笑ってるんですが、そのうちに、あんまりお話が上手なので、若い女優さんも涙を流してしまう。僕も思わずほろりとして涙を流す。話術の優れた才能があるということが、そこでわかったわけです。格調高くしゃべってくださるものですから、話術で聞きほれてしまう。

満映（満洲映画協会）の理事長だった甘粕大尉のいる夕食会に呼ばれて、「おもしろい話をやれ」と言われて、なんと猥談を話したことがあったそうです。「非国民だ」と斬られそうになったそうですが、終わった時は拍手喝采。なんと度胸をもった男だと、甘粕大尉はすっかり森繁さんのファンになったそうですよ。

約十五年間の東宝時代、森繁さんの楽しい話を伺いました。大変思い出深い方で、百年に一人出るか出ないかの俳優ではないかと思います。時代劇では長谷川一夫さんでしょうが、現代ものでは森繁さんにまさる方はいない、名優中の名優だと思います。（談／全文は第三巻月報所収）

（たからだ・あきら／俳優）

〈特集〉石牟礼道子さん 三回忌に思う

読まれることを待つ石牟礼文学

三砂ちづる

心のこもった訃報記事

二〇一八年二月十日に石牟礼道子が亡くなってから、二年。三回忌を迎える。石牟礼道子の死は大手新聞の一面で報じられた。『毎日新聞』西部本社版では、一面であるのみならず、トップ記事、という扱いであった。作家の死でこのような扱いは、多くはないと思う。

東日本大震災後、石牟礼道子の仕事は、いっそう注目されるようになっていたし、『石牟礼道子全集』の完成、池澤夏樹編集の『世界文学全集』への日本人作家としての唯一の収録、などをふくめ、彼女の文学自体が再評価されていったことがもちろん大きいのだが、同時に、彼女が最後まで主要な新聞での連載を続けており、結果としてその連載担当記者たちに看取られて亡くなったことも、多くの新聞での訃報記事に心がこもっていたことの所以ではあるまいか。

晩年の石牟礼道子の部屋には、いつも連載原稿を待つ大手新聞の記者たちの姿があったという。まさに、死ぬ間際まで、周囲に支えられて仕事を続けた作家であり、その才能と人柄のおかげで、豊かな文学的遺産は、私たちの元に残された。

〝世界文学〟としての石牟礼文学

彼女を一貫して編集者として支え続けた渡辺京二は、石牟礼文学は近代日本文学の中に置くと違和感があり、その異端性が目立つが、世界文学の中に置くと、その異端性は消える、と述べている。[*1]ガルシア・マルケスや、マリオ・バルガス＝リョサ、カルペンティエールなどラテンアメリカ現代作家の中に置くと、全く違和感がない。近代以前、文字文化以前の世界の受け止め方とその表現において、多くの共通点がある、というのだ。

まさにリョサは、プリンストン大学における講義において、「小説は、生活の中心が農村から都市に移ったときに生まれた」[*2]と言っている。農村の生活は詩を生み出すけれども都市は物語の発展を促し、それは世界中どこにでも当てはまる、と。

前近代の人間と人間ならざるものとの交歓をえがいてなりたつ石牟礼文学である。前近代の、「目に一丁字も」なく、精霊の世界に生きる民の世界が近代と出会う時に生じるあつれき、魂のおきどころのなさ。それこそが彼女のテーマであり、苦しみであった。この世とうまく折り合いがつけられずに苦しむ彼女の自我は、水俣を出て、熊本、そして東京と出会い、あるいはサークル村やさまざまな「都市の」活動を経て、独特な形になってゆく。非常に近代的な作家なのである。

▲石牟礼道子(1927-2018)

才能が生み出した独自の表現

あまり多くの本を読み通しておられないというが、彼女の天才性は、何らかの文学の形式をちらっと目にし、あるいは耳にすれば、瞬時に自らのものとすることができ、そこに自らの世界を独自の文体でのせていくことができたことにある。国語の教科書を見れば、文章の書き方を会得し、詩にふれれば、詩の形式は彼女のものとなり、短歌も俳句も同様のこと。幼い頃耳にした御詠歌や説経節はそのまま彼女の語り口となった。能でさえも、ちらっとその形式にふれれば、自らの世界を書き上げることができた。彼女の作品には不知火の民の唄か、と思うような、民謡ふうの唄がしばしばあらわれるが、実はすべて創作であるらしい。きらめくような才能の生み出した文学作品群。

長編小説だけでも、『苦海浄土』のほかに『椿の海の記』、『おえん遊行』、『あやとりの記』、『十六夜橋』、『水はみどろの宮』、『天湖』、『春の城（アニマの鳥）』が残されている。これら八編をはじめとする彼女の文学は、まだまだ十分に読まれているとは言えない。『石牟礼道子全集』は、これから丹念に繙かれることであろうし、熊本における石牟礼道子資料保存会の活動も佳境にはいっているときく。未発表稿も発表されよう。本格的な石牟礼文学研究は、これから始まり、本当の意味で石牟礼道子が広く読まれていくのも、これからなのではあるまいか。

＊1　渡辺京二『もう一つのこの世――石牟礼道子の宇宙』弦書房　二〇一三年

＊2　マリオ・バルガス＝リョサ『プリンストン大学で文学／政治を語る』立林良一訳　河出書房新社　二〇一九年

（みさご・ちづる／津田塾大学教授、疫学者、作家）

■連載・アメリカから見た日本　2

日本語の無駄なエネルギー

米谷ふみ子

　夫ジョシュが亡くなって二週間ほど呆然としていたが、そうや、彼の親友やった作家のフィリップ・ロスに知らせんと、と思い付き、居間にあった新聞を開いた。ロスの大きな写真が蓋棺録の欄に載っているではないか。三日前に彼は死んでいた。ジョシュと十日違いである。無宗教の男共があの世で大いに喋っているだろうと思うと、無宗教の私は何かほっとしたことは否めない。

　ニューヨークの郊外に住んでいた頃、ロスがうちにコレクトコールで電話をしてきた。いつもうちに掛ける時はコレクトで掛けてくる。何とか生活をしている私たちが金持ちだと思っていたのだろうか？　あれだけの大ベストセラー作家になってもである。

「ジョシュは留守よ」と知らせた。

「いやあー、貴女に尋ねたいんだ。ハワイに今いるんだけど、日本に行こうかどうしようか迷ってるのよ。日本の社会で一番気を付けるべきことは何かを教えてくれない？」

「うーん。日本では……人と喋る時、相手の社会的地位を判断し、言葉遣いを変える社会なのよ。あなたは外人で日本語が喋れないから、門外漢だけど。アメリカは大統領にでも、ヘイ、ユーと対等に話せるけれど。日本の社会はそういう無駄なエネルギーを使うのよ」と説明した。

　三日後に、彼が電話をして来て「日本に行くのはやめた」と言った。上下関係を考えたこともない輩には無理やったんや！　さもありなん！　ロスの *Portnoy's Complaint* を読んだ時、これやったら私でも書ける、と思った。それまでは、女性作家は女らしく書かねばならないという雰囲気が日本にあり、私は縛られていた。この本を読んで、気にしないで総てを赤裸々に書いたほうが面白いと悟ったのだ。

　彼が女優のクレア・ブルームと結婚していた時、「妻がロサンゼルスに行くのだが、知人がないので、夕食を一緒にしてやってくれないか」と言ったので、私達は彼女に会うことが出来た。私は彼女が出演していた「ライムライト」の最後のシーンを決して忘れはしない。

（こめたに・ふみこ／作家、カリフォルニア在住）

リレー連載　近代日本を作った100人　71

江藤新平——司法改革の先駆者

星原大輔

「法」の制定

山脇之人『維新元勲十傑論』で、維新に功績のあった人物として、西郷隆盛、木戸孝允、大久保利通らとともに、江藤新平の名が挙げられている。彼が歴史の表舞台で活躍した期間は極めて短いが、さまざまな官職に就き、近代化に向けた立法作業に携わった。特に、司法改革における功績は今も高く評価されている。

維新政府が掲げた国家目標の一つは「万国対峙」である。それを実現するためには何をすべきか、政府内にもさまざまな意見があった。そうした中、江藤が注目したのは「法」、すなわち憲法、民法、商法、刑法、民事および刑事訴訟法の**六法の制定**である。オランダやベルギー、スイスのような小さな国が大国と対峙できているのは、ひとえに「法律の精(くわ)しく行はればなり」と(「興国策」)。また「**富強の元は国民の安堵にあり。安堵の元は国民の位置を正すにあり**」とも主張している。ここで言う「国民の位置を正す」とは「相続・贈遺・動産・不動産・貸借・売買」等々、個人の権利を法律に明記し、かつ保護するシステムを確立することである。そうすれば人びとは「安堵」して業に励み、その結果として「国の富強」へと繋がる(「司法卿を辞するの表」)。

そこで江藤は、諸法を一日でも早く制定し、そして社会で生じた利害の衝突や紛争を、客観的かつ公平に解決・調整できるよう、裁判所を全国各地に整備しなければならないと考えた。

司法の理想像

当時、司法は行政の一環と考えられ、行政官庁が裁判所も兼ねるのが通例で、江藤のような考え方は異例であった。実際、江藤が司法の独立機関の設立を提言し、明治四(一八七一)年に司法省が設置されたが、ほとんど機能しなかった。

そこで翌年、江藤は初代司法卿に就任すると、「果然鋭為、一挙して進むの勢」(井上毅)で、多岐にわたって大改革を推し進めた。とりわけ注目すべきは、五ヶ条からなる司法省誓約であろう。ここに

「方正廉直にして職掌を奉じ民の司直たるべき事」「律法を遵守し人民の権利を保護すべき事」と、江藤が描いていた司法の理想像が端的に示されている。

この他、行政への監督として立法府を構想するなど、江藤は近代的政治思想を積極的に吸収し実現させようとした**「立法家実務家」**（大隈重信）であった。

「民の司直」たるべき司法省

しかし江藤は、明治七（一八七四）年に刑場の露と消えた。処刑されるに至った要因の一つとして、彼の改革があまりにも急進的であった点が挙げられる。江藤の和歌に、

いそがずばぬれじと言ひし人もあれど
いそがでぬるゝ時もありけり

とある。彼はひとたび是とすれば、実現に向けてひたすらに邁進した。政府内にはこうした行動力を評価する声があった一方で、「ピリピリしておって、じつにあぶないよ」（勝海舟）と危惧し、反発する者もいた。久米邦武は、江藤新平を、父親の反対を押し切って改革を進め、内乱を招き処刑された前漢の晁錯（ちょうそ）になぞらえている。江藤の耳にもそうした非難の声は届いていたのであろう、

郭公（ほととぎす）声待ち兼（かね）てつひに将（まさ）
月をも恨むひとところ哉

という自戒の和歌も詠んでいる。これを記した書幅が彼の絶筆となったのは、何とも皮肉である。しかし彼の理念の実現に向けて邁進する生き様は、いまも多くの人の心を惹きつけてやまない。

江藤の司法改革は道半ばであったが、その後、同郷の盟友・大木喬任（たかとう）が跡を継いで司法卿となり、同省に出仕していた佐賀出身者らの尽力により、裁判所整備と法典編纂は実現した。これらは時代と共に変わっていくであろうが、**「民の司直」**という江藤の理念は、これからも受け継がれていかなければならない。

（ほしはら・だいすけ／大倉精神文化研究所研究員）

▲江藤新平（1834-1874）
佐賀藩士。藩校弘道館で学び、枝吉神陽に師事した。1862年脱藩し木戸孝允らの知遇を得たが、帰藩後は永蟄居を命ぜられる。維新政府が成立すると徴士として出仕、大木喬任とともに東京奠都を建言し、政府首脳から高い評価を得た。その後、中辨、文部大輔、左院副議長などを経て、1872年に初代司法卿となる。この間、裁判制度の整備や民法をはじめとする法典編纂の推進に尽力した。1873年に参議となるが明治六年政変で下野。翌74年民撰議院設立建白書に名を連ねたが、その直後に帰郷した。征韓党の首領となり佐賀の乱を起こすが敗走、高知で捕縛され、佐賀で処刑された。

連載 歴史から中国を観る 2

中国人のナショナリズム

宮脇淳子

「中国」という国家は一九一二年一月に誕生した中華民国が史上初めてだが、中国人にナショナリズムが生まれたのは一九一九年の五・四運動からである。

中国と日本の教科書は、「一八四〇年のアヘン戦争でイギリスに負けたときから、屈辱の中国近現代史が始まる」と書くけれども、このときまだ中国は存在しないし、ナショナリズムもない。

実際にはアヘン戦争ではなく、一八九四～九五年の日清戦争で日本に負けたことに衝撃を受けて、大陸の近代化が始まったのである。

大陸の人々は長い間、日本を東夷（東の野蛮人）と見下していた。それなのに、明治維新により国を挙げて西欧をまねて近代化に励んだ日本が、わずか三十年で自分たちよりも強くなったことを見て、初めて、これではいけない、と思った。そこで清国の漢人たちは大挙して日本に留学し、それまで何十年もの間、日本人が苦労して漢字熟語に翻案していた西欧文明を、日本語を通して取り入れた。

現代中国語が、「四書五経」のような漢文の古典とは語彙も文体もまったく異なるのは、明治時代の日本語を基礎としているからなのである。

英語の「ナショナリズム」を「民族主義」と翻訳したのは日本人である。「ネイション」は「国民」だから、文字通り訳すなら「国民主義」なのに、日露戦争前後に出現した第一次ナショナリズムの担い手はロシア帝国領の東欧の人々で、国家のない集団を国民と呼ぶことをためらった日本人が、「民族」という言葉を創ったのである。つまり「民族」にはヨーロッパ語の原語はない。

中国人にナショナリズムの観念を教えたのは日本だが、新たに生まれた中国人のナショナリズムへの対応を、日本は誤った。しかし中国も、自国の「民族主義」の取り扱いには成功していない。現代中国でナショナリズムは「愛国主義」と翻案され、民族といえば少数民族、あるいは「中華民族」のことで、「漢民族」は禁句、漢族と呼ばなくてはいけないのだから。（みやわき・じゅんこ／東洋史学者）

連載　今、日本は　10

ゴーン氏逃亡の後で

鎌田　慧

カルロス・ゴーン。日本意外史に大きなエピソードを残した。欧米人権力者に極端に弱く、それ以外は蔑視する日本人のコンプレックスを、長い脚で蹴っ飛ばして、カルロス・ゴーンは関西国際空港から個人ジェット機で飛び立った。楽器箱にもぐりこんで……。

日本企業の経営者が、億単位の報酬をとるようになったのは、日産再建で名を挙げたゴーンが始祖かもしれない。いまでは、ソフトバンク、ソニー、武田薬品などの外国人雇われ社長が、二〇億、三〇億もの年俸を獲っているが、ゴーンは日産ばかりか、経営左前の三菱自動車、さらにはフランス本国のルノー会長の席にも坐って、一九億円（二〇一八年）も得ていた。

彼は「コストカッター」と呼ばれ、情け容赦もなく工場を閉鎖（村山、京都など）、労働者を整理したのが功績となった。

逮捕、勾留された容疑は、金融商品取引法違反であり、のちに特別背任罪が加わっている。簡単にいえば、実収入金額を隠し、勝手に使っていた、ということだ。

金持ちゴーン氏にはなんの同情もないが、彼が指摘した「日本正義の不正義」との批判には賛成だ。「人質司法」、つまり自供するまでは絶対に釈放しない、前世紀的「白州裁判」によって、証拠を偽造され、死刑判決を出された袴田巌さんや石川一雄さん（無期懲役に減刑）などの冤罪犠牲者たちには、逃げる外国もなく、ジェット機を借りる巨額資金はない。

あるのは、無実を信じている支援者のかぼそい声だけである。

ひとりで国家権力と闘って勝ったゴーンを英雄視できないのは、その武器が弁論ではなく、巨額のカネだったからだ。

貧乏な被告人は、この国では冤罪を証明できず、死刑になるしかない。日本国憲法は「拷問」、「長期拘留による自供」を認めていない。保釈中に逃亡したゴーンによって、これから保釈の条件が厳しくなる（一五億円の保釈保証金でさえ捨てられた！）。日本の司法の前近代性は世界から嗤われ、ますます酷くなりそうだ。

（かまた・さとし／ルポライター）

■〈連載〉沖縄からの声［第Ⅶ期］3（最終回）

首里城再建

～沖縄から琉球へ！

石垣金星

琉球文化の拠点、首里城が燃えて二ヶ月余になった。

首里城は沖縄県民の財産だと思っていたのが、日本国の財産であったことを初めて知り、たまげたのは私一人ではあるまい。再建への募金活動など、首里城への熱い思いがよく伝わってくる。再建に向けて玉城デニー知事が今なすべきは、**沖縄琉球の財産として首里城再建をする**という方針を、内外に宣言をすることであろう。方針が定まることで、自ずと再建への道筋は明らかになるであろう。

何よりも一**番大事なことは**、「**琉球の魂」を込めることにある。**琉球の魂を込めるのは、昔からの琉球建築の伝統を受け継ぐウチナーンチュ大工でなければならないことは当たり前である。

再建にはたくさんのお金が必要とされるが、日本政府は、沖縄に重たい負担を強いてきた歴史の現実がある。その負担の重さの分だけお金を出すことは当たり前のことである。そして国内外&世界中から、個人から、様々な団体から再建のためのお金が寄せられているのは周知の通りである。この際日本政府は、首里城にかかわるすべての財産を、沖縄県へ潔く寄贈するくらい懐の深さを見せて欲しいものであるが、期待しないほうがいい。

再建までには長い時間を要するだろうが、五百年に及ぶ豊かで美しい琉球文化を築き上げてきたのだから、これから「新しい琉球国」を創り出していくために、再建へ向けて、琉球人の心も力も一つにしていきたいものである。

明治政府は、武力により琉球国を滅ぼし、日本の一地方の沖縄県とした。あれから百四十年余、太平洋戦争で日本の捨て石とされた沖縄は、日米軍により焼き尽くされ、戦後二十七年に及んだあまりにもひどい米軍植民地支配から抜け出すために、一九七二年日本への復帰を選択したものの、日本は米軍とグルになり、今、辺野古新基地建設を強行している。

沖縄は、日本の安全のために犠牲になるのは当然だという、今の日本と沖縄の関係はもう辞めて、「政治的に対等な関係」を築く新しい時代へと向かうべき時が来たのではないか！

（いしがき・きんせい／西表をほりおこす会会長）

Le Monde

■連載・『ル・モンド』から世界を読む〔第Ⅱ期〕 42

もうひとつのメッセージ

加藤晴久

昨年一一月二四日、長崎と広島でフランシスコ教皇が原子力の軍事利用を断罪したことを日本のメディアは大きく報じたが、もうひとつのメッセージはほとんど話題にしなかった。

東京駐在のPh・メスメール記者の一一月二七日付記事のタイトルは「核兵器と死刑――教皇来日の微妙な課題」

記事の出だし。

「〈すべての命を守る〉。この、フランシスコ教皇訪日のテーマはいかなる例外も許さない。もてなす側が当惑しかねない死刑のような問題であっても」

「二〇一八年、教皇庁は死刑は〈容認できない。人間の不可侵と尊厳に対する攻撃であるがゆえに〉と宣言した。二五日、東京ドームのミサで、五万人の信徒に向けて、教皇は何人も路傍に置き去りにしないことの大切さを説き、〈支援と相互援助の場であるべき家庭、学校、共同体が利益と効率を追求する競争の場〉となっていることを嘆き、参会者に問いかけた。障害に苦しむ人、異国人、過ちを犯す人、病に侵された人、あるいは刑務所にいる人は〈愛に価しないのでしょうか?〉と」

「〈内政干渉として非難されることを避けるため〉面会はしなかったが、東京ドームには袴田巌氏が招かれていた。一九六六年、四人殺害の廉で死刑判決を受け、四八年間、獄中にあったひとである」

「死刑廃止の運動を進める人たちは落胆したかもしれない。彼らは教皇来日が彼らの運動に拍車をかけることを期待していた。国民の八〇%が死刑を支持している国ではメディアもあまり取り上げないし、論議されることも少ない。〈日本では死刑は感情の視点から考えられていて、人権という視点から考えることは稀なのです〉と〔ある識者は指摘する〕」

「一九七五年時点で、二五カ国が死刑を廃止していた。今日では、一〇四カ国。さらに約五〇カ国が執行を停止している」

日本のメディアによると、第二次安倍内閣発足以降、三九人が執行されている。未執行の確定死刑囚は一一二人だという。

（かとう・はるひさ／東京大学名誉教授）

■連載・花満径 47

高橋虫麻呂の橋（四）

中西　進

それにしても、なぜ「橋詰の遊び」と称する男女交歓の集りが行なわれるようになったのか。

将来橋の架けられる所、必然的に道がそこまで到達して、さらに先に行く必要性をもった川岸は、川幅も狭く川底も浅く、徒歩で渡るのには便宜な場所だっただろう。

そんな所は中国の『詩経』では「渡河」が行なわれた場所にちがいない。

「渡河」とは、のちに結婚を意味するようになったほど、男女の交歓があった、ある種神聖な土地だったらしい。

舟がそこから対岸に出発し、さらにはより遠くまで舟が行先を伸ばしていくと、この出発点は送迎の場となり、餞別、惜別の地となり、情感を深めていったはずだ。

ところがその聖地に、橋が登場した。そして従来の終着点が通過点となった。

この有様について以前考えていて驚いたことがある。

そもそもハシという日本語は、漢字の端に当るばかりか、間にも当る。古代には有名な間人皇女（はしひとひめみこ）という、天智・天武の妹がいる。

間（あいだ）は端と端の中間でありながら、橋によって双方から端であるという二重性を背負ってしまった結果、間（はし）になったとしか、わたしには考えられなかった。

この結果、従来の端は橋詰となり、詰である聖性も遊興性も、そして神秘性もすべてを橋詰が担当することになったのである。

日本には『古今集』（巻14六八九）や『源氏物語』（橋姫）に登場するふしぎな橋の女がいる。宇治橋の橋姫は神聖な筵（むしろ）に衣を片敷いて待っているといい、「橋姫」の巻では薫の出生の秘密が語られる。

近世の都市が花街を橋詰や川の中州にもつのも、この一連の流れである。彼女たちを八重子の刀自と血の繋がった者ということもできるし、外ならない虫麻呂の橋上の女も、それらと一連の、美しき幻影だったにちがいない。

（なかにし・すすむ／国際日本文化研究センター名誉教授）

一月新刊

20世紀最大の環境破壊

消えゆくアラル海
再生に向けて

石田紀郎

湖面積が琵琶湖の一〇〇倍あった世界第四位の湖、中央アジアのアラル海。それが、大規模な農地開発により、琵琶湖のたった一〇個分にまで縮小した。琵琶湖のほとりで育ち、農学の道に進んだ著者が、アラル海消滅の危機にあるカザフスタンに通いつめ、消滅の現実と再生への希望を描く画期作。　カラー口絵八頁

四六上製　三四四頁　二九〇〇円

生命の起源から、未来へつながる

中村桂子コレクション いのち愛づる生命誌　全8巻
2 つながる　生命誌の世界
【第4回配本】　口絵二頁

七〇年代、日本における〝生命科学〟の出発に深く関わり、そこから新しい知〝生命誌（バイオヒストリー）〟を創出した著者。DNA、ゲノム……科学の中から、人間をふくむすべての生きものの〝つながる〟をやさしく語る。〈解説〉村上陽一郎〈月報〉新宮晋／山崎陽子／岩田誠／内藤いづみ

四六変上製　三五二頁　二九〇〇円

ブルデュー社会学の集大成！

〈ブルデュー・ライブラリー〉
世界の悲惨 II（全3分冊）
ピエール・ブルデュー編

監訳＝荒井文雄・櫻本陽一

最も個人的な経験を理解するために、〝社会〟を理解すること――ブルデューとその弟子ら二三人による五二のインタビューの集成！　第二分冊では、正規／非正規労働者の分断、失業者、継承されない農業、学校教育の変容と教師・学生、女性の直面する困難などに耳を傾ける。

Ａ５判　六〇八頁　四八〇〇円

最近の重版より

脱デフレの歴史分析　（2刷）
【「政策レジーム」転換でたどる近代日本】
安達誠司
四六上製　三二〇頁　三六〇〇円

大石芳野写真集
長崎の痕（きずあと）　（2刷）
大石芳野
四六倍変判　一八八頁　四二〇〇円

世界経済史の方法と展開　（12刷）
【経済史の新しいパラダイム（一八二〇―一九一四年）】
入江節次郎
Ａ５上製　二八〇頁　四二〇〇円

入門・世界システム分析　（6刷）
Ｉ・ウォーラーステイン
山下範久訳
四六上製　二六四頁　二五〇〇円

戦後行政の構造とディレンマ　（2刷）
【予防接種行政の変遷】
手塚洋輔
四六上製　三〇四頁　四二〇〇円

ルーズベルトの責任㊦　（5刷）
【日米戦争はなぜ始まったか】
Ch・A・ビーアド
開米潤＝監訳　阿部直哉・丸茂恭子＝訳
Ａ５上製　四四八頁　四二〇〇円

全著作〈森繁久彌コレクション〉■

▼森繁久彌はＴＶの「だいこんの花」etc. 映画の「社長シリーズ」を見ていて、無条件に本当に面白かったから購入。

書評を見て購入しても「……」ということもあるが、この本は私的に活字の大きさや字の配列もとても読みやすいうえに内容も本当に満足です。全巻揃えます。有り難うございます。

（神奈川　**柳澤陽子**　65歳）

▼内容見本が届くのを待ち切れず注文させて頂きました。売切れになったらという焦燥感からです。それでも内容見本拝見させて頂き、錚々たる方々の御推薦に驚嘆致しております。いや、驚嘆といっては失礼かもしれません。森繁先生の御業績からすると当然至極のことかもしれません。芸能界の方はいわんとしても一般の方も興味津々たる出版だと思います。感動の嵐が世を席巻する予感が致します。私ごときものも内容見本に載っている御著の四、五冊は既に持っていたものがありますが、あらためて編集されて読むことができるというのも魅力です。内容見本の森繁先生の抜粋御文章、大いに裨益されるといってはなんですが、啓発を促します。注文したことを微塵も後悔致しておりません。入手出来る日が待ち遠しくあります。森繁先生はお亡くなりになっても活字としてこの世に蘇りになられると思います。注文させて頂いてありがとうございました。

（神奈川　**別府詩朗**）

全著作〈森繁久彌コレクション〉①道——自伝■

▼全著作〈森繁久彌コレクション〉『Ⅰ道——自伝』、まことに面白く通読しました。全集刊行の企画はまことに結構に存じおります。

（東京　財団役員　**由井常彦**）

▼過去森繁に関する本は、沢山読みました。今回は、森繁に関する集大成だと思い、『朝日新聞』（十二月六日付）の紹介記事を見て注文、購入しました。全巻購入予定で、これから第一巻を読み始めます。

（愛知　**伊藤俊雄**　85歳）

▼よく出版してくれました。続きを楽しみに。

（長野　**小宮昇**　75歳）

ベルク「風土学」とは何か■

▼ＪＩＡ岡山大会が二〇一四年に岡山市で開催された。ＪＩＡ会員ではないが、参加させていただいた。その時の基調講演がオギュスタン・ベルク氏であり、テーマは「建築の再コスモス化は何か」という壮大なテーマでありました。オギュスタン・ベルクの初めての講演は難しくてわからなかった。主体が客体であり通態であるとか milieu とかの言葉をメモをとるのに必死でありました。風土論について何か訴えるものを感じて大阪に帰って来ました。

藤原書店の月刊誌『機』no.332に『ベルク「風土学」とは何か』が掲載されていた。オギュスタン・ベルクと川勝平太氏の両氏の著書である。ベルクの著書の『空間の日本文化』『風土の日本』や文庫本も買ってよんだ。コスモス国際賞の受賞講演・京都大学を聴講することができた。

すぐにお願いして読んだ。すごいいい本である。風土が人間の存在によって構築されると同様に人間の存在は風土との関係で構築されるということであると書いている。素晴しい言葉である。表紙もすばらしい。オギュスタン・ベルクと川勝平太氏の二人の著者の本が同時に一冊で読めることはうれしく私の書棚が一番喜んでおります。

（愛知　一級建築士・「まちづくりセンター・蕪村」　**岡崎善久**　71歳）

兜太 Tota vol.3 ■

▼今年はドナルド・キーンさんが亡くなり、文壇も寂しくなりました。日本文学の大いなる理解者でした。キーンと兜太の交流は、深い魂の共鳴と太平洋戦争の経験者としての共感だと思う。戦後復員した多くの軍人はあの惨い戦争体験を秘して生きた。卑怯である。それに引換え、兜太は懺悔しつつも堂々と生きた。天晴である。

　全国各地の俳誌の紹介コーナーがあれば良いと思います。又、有名俳誌以外の地方の弱小俳誌を複数載せる広告欄が有れば、地方の俳句発展が望めます。『兜太』の栄えを心より祈念します。

（京都　**中村久仁子**　64歳）

都市のエクスタシー■

▼この著者をいったい何と呼べばいいのだろう？

　アレントがベンヤミンに授けた称号に倣えば、ファム・ド・レットル（femme de lettres）なのであろうか。

　それぞれ別個に遺された言説（discours）であるはずなのに、こうして一冊の書物として編まれると、ベル・エポックの優雅な香りが漂い、さらにその色彩・音が妖しげな世界を醸し出す。

　とりわけプルースト論は秀逸で、バルベックに花咲いた乙女たちのイメージが、リゾートという言語空間にいかにして浸透していったのかという筆致に酔いしれる。

　山田登世子さんは生きているのだ。そして、これからもきっと彼女の《新刊》に出会えるのだろう。

（東京　放送大学学生　**山田良**）

※みなさまのご感想・お便りをお待ちしています。お気軽に小社「読者の声」係まで、お送り下さい。掲載の方には粗品を進呈いたします。

書評日誌（一二・一五〜一・五）

(書) 書評　(紹) 紹介　(記) 関連記事
(イ) インタビュー　(テ) テレビ　(ラ) ラジオ

一二・一五　(紹)産経新聞「崩壊した「中国システム」とEUシステム」

一二・一六　(紹)公明新聞「〝フランスかぶれ〟ニッポン」

一二・一九号　(書)週刊新潮「全著作〈森繁久彌コレクション〉」（「すこぶる付きの名文家でもあった名優『森繁久彌』の自伝集」／碓井広義）

一二・二〇　(記)週刊読書人（「２０１９年回顧総特集」）「セレモニー」（「外国文学／中国」／「変幻中国から科幻（ＳＦ）中国へ」／「巨大覇権国家となった中国の発展に見合った文学の動向」／山口守）／「長崎の痕」（「日本史／近代以降」／「歴史学を研究するもの座標軸として」／阿部安成）／「死とは何か」（「西洋史」／「現代史を画した重要な出来事の記念が重なる年」／「関連する書籍の刊行も目立った」／村上宏昭）

一二・二二　(記)読売新聞（「読書委員が選ぶ『２０１９年の３冊』」）「全著作〈森繁久彌コレクション〉」（橋本五郎）／（戌井昭人）

一・一　(記)朝日新聞「苦海浄土」（「Ｅテレ『１００分de名著』司会伊集院光」／「無知と知が出会う　ビックバン」／「単なる解説じゃない　現代を読み解く知恵」／伊集院光・秋満吉彦・河村能宏）

(記)東京新聞「国難来」（「編集局南端日誌」／「２０２０年代の始まりに」／「１００年前からの宿題」／田原牧）

一・五　(書)しんぶん赤旗「全著作〈森繁久彌コレクション〉」（「多彩な筆致、大河ドラマのよう」／広瀬依子）

三月新刊予定

＊タイトルは仮題

俳壇を超えた総合誌、第四号

兜太 Tota 最終号 vol.4

［特集］龍太と兜太 ——戦後俳句の総括

〈編集主幹〉黒田杏子 〈編集長〉筑紫磐井
〈編集顧問〉瀬戸内寂聴・芳賀徹・藤原作弥

飯田龍太生誕百年、金子兜太三回忌。二人の対比から戦後俳句を振り返る。

〈寄稿〉飯田龍太／金子兜太／飯田秀實／井口時男／井上康明／宇多喜代子／岸本尚毅／三枝昂之／坂本宮尾／下重暁子／高田正子／髙柳克弘／高山れおな／舘野豊／田中亜美／対馬康子／中岡毅雄／仁平勝／宮坂静生／横澤放川／渡辺誠一郎 ほか
写真＝黒田勝雄 挿画＝中原道夫

訳業を通して、親鸞の核心を追求！

中国人が読み解く 歎異抄 〈中国語訳付〉

張鑫鳳 編

終生、親鸞と格闘した野間宏の文学を通して、親鸞と出会った中国人の著者が、原文、読下し、現代日本語訳、中国語訳（大陸、簡体字）、中国語訳（台湾、繁体字）をなしとげ、全く新しい解釈で親鸞の真髄を示す。

「怨恨と復讐」に抗する「共苦」の文学

高橋和巳論

宗教と文学との契り

清眞人

高橋和巳の全作品に通底する問いとは何だったか。「革命」への絶望とヘイト・ポリティックスの蔓延が極限に達しつつある二十一世紀の今、二十世紀日本の「原罪」に果敢に立ち向かった作家の今日的意味を明かす。

水俣病被害は生まれ続けている

止まらない水俣漁民・漁業被害

芦北町女島での社会学・医学的調査研究

井上ゆかり

今なお水俣病の漁業被害と漁民被害は、社会的食物連鎖のなかで国・熊本県・チッソによって生産され続けている。先行研究のない課題を、自ら調査研究、水俣病政策、水俣病認定制度の改革案をも提示する野心作。

「原風景」から解き明かす日本の心性

新・風景論

原剛 写真＝佐藤充男

明治以来の日本の近代化の過程において、三度にわたって言挙げされた「風景論」。文明史的災害に重ねて見舞われる現代日本において、自然・人間・文化を一体とする「環境」の観点から、ナショナリズムを超えた第四の「風景」論を提起する。

〝脱近代〟を説く著者積年の集大成！

世界像の大転換

北沢方邦

ベートーヴェンの音に導かれ、近代のリアリティの運命と、そこからの脱却を、哲学、人類学、数学、物理学、量子論、後発性遺伝学（エピジェネティクス）等の脱領域的諸分野に生じている徴候として読み解く。脱近代のリアリティの様態を探究し続けた、著者積年の思考の集大成。

「在日」を問い、「日本」を問う詩人の言葉

金時鐘コレクション 全12巻

10 真の連帯への問いかけ ［第6回配本］

「朝鮮人の人間としての復元」ほか講演集Ⅰ

在日朝鮮人と日本人の関係を問い直す。七〇年代〜九〇年代半の講演を集成。〈解説〉中村一成 口絵2頁
〈月報〉金正郁／丁海玉／吉田有香子／川瀬俊治

2月の新刊

タイトルは仮題、定価は予価。

大地よ！ *
アイヌの母神、宇梶静江自伝
宇梶静江
四六上製 四四八頁 二七〇〇円 カラー口絵8頁

近代家族の誕生 *
女性の慈善事業の先駆、「二葉幼稚園」
大石茜
四六上製 二七二頁 二九〇〇円

公共論の再構築 *
時間／空間／主体
中谷真憲・東郷和彦編
A5上製 三四四頁 三八〇〇円

世界の悲惨 III（全三分冊） *
P・ブルデュー編
監訳＝荒井文雄・櫻本陽一
A5判 四六四頁 四八〇〇円 完結

全著作〈森繁久彌コレクション〉（全5巻）
3 情――世相 *
〈解説〉小川榮太郎
月報＝大村崑・宝田明・塩澤実信・河内厚郎
四六上製 四八〇頁 二八〇〇円 口絵2頁 内容見本呈

3月以降新刊予定

雑誌 **兜太** *Tota Vol. 4* 最終号
〈特集〉**龍太と兜太**――戦後俳句の総括 *
編集主幹＝黒田杏子 編集長＝筑紫磐井

中国人が読み解く
歎異抄 〈中国語訳付〉 *
張鑫鳳 編

高橋和巳論 *
宗教と文学との契り
清眞人

止まらない水俣漁民・漁業被害 *
芦北町女島での社会学・医学的調査研究
井上ゆかり

新・風景論 *
原剛 写真＝佐藤充男

世界像の大転換 *
北沢方邦

金時鐘コレクション（全12巻）
10 真の連帯への問いかけ *
「朝鮮人の人間としての復元」ほか 講演集I
金時鐘 解説＝中村一成

好評既刊書

消えゆくアラル海 *
再生に向けて
石田紀郎 写真・図版多数
四六上製 三四四頁 二九〇〇円 カラー口絵8頁

世界の悲惨 I・II（全三分冊） *
P・ブルデュー編
監訳＝荒井文雄・櫻本陽一
A5判 I四九六頁 II六〇八頁 各四八〇〇円

中村桂子コレクション（全8巻）
いのち愛づる生命誌
2 つながる * 〈解説〉村上陽一郎
生命誌の世界
四六変上製 三五二頁 二九〇〇円 口絵2頁 内容見本呈

存在と出来事
A・バディウ 藤本一勇訳
A5上製 六五六頁 八〇〇〇円

いのちを刻む
鉛筆画の鬼才、木下晋自伝
木下晋 城島徹・編著
A5上製 三〇四頁 二七〇〇円 口絵16頁

全著作〈森繁久彌コレクション〉
2 人――芸談（全5巻） *
〈解説〉松岡正剛 口絵2頁

＊の商品は今号に紹介記事を掲載しております。併せてご覧戴ければ幸いです。

書店様へ

▼昨年末のETV特集での放送以降、『**いのちを刻む 鉛筆画の鬼才、木下晋自伝**』が話題になっています。俳優・榎木孝明さんがフェイスブックにて、「芸術とは何か。生きるとは何か。極限の人間存在とは。等々に興味をお持ちの方にはお勧めの本です。」と絶賛紹介。また1／20(月)『毎日』では「学校とわたし」にて著者インタビュー記事が掲載。大きくご展開ください！▼1／21(火)『毎日』夕刊「著者のことば」にて『**移動する民**』著者ミシェル・アジエさんインタビュー記事。▼『文藝春秋』二月号にて磯田道史さんが「わが師・速水融が変えた『江戸の貌』」で歴史人口学者・速水融さん追悼。▼同号にて『**セレモニー**』著者王力雄さんが「共産党独裁崩壊で中国は分裂する」寄稿。▼1／25(土)『朝日』「好書好日」にて長谷川逸子さんが『**ベルク『風土学』とは何か**』を絶賛書評。▼1／26(日)『毎日』「今週の本棚」にて伊東光晴さんが『**"フランスかぶれ"ニッポン**』を絶賛書評。在庫のご確認を！ （営業部）

出版随想

▼早や一月も過ぎ、二月に入った。しかし、世界の不安は、一向に衰えるどころか日に日に増している感がある。昨年暮れ中国の武漢から始まった新型コロナウイルスの感染が世界に拡大してきている。百年前、第一次世界大戦のさ中に発生した〝スペイン・インフルエンザ〟は、一九二〇年まで続いたが、戦死者の五倍の五千万人の死者を招いた。わが日本でも、内地だけで四五万人、外地を入れると七〇万を超える死者数に達した。元々人類の歴史は感染症との闘いの歴史ともいわれるが、一旦発生すると、現代の文明社会は脆さを露呈する。とにかく交通のスピード化で、昔なら一カ月はかかる距離をわずか十時間で。又情報の場合は、何千キロ離れた所でも瞬時に往来する。ということは、マイナス面も同様ということだ。とかく人間は、自分にとって好都合のことしか考えないから負の連鎖など頭になく日常を過ごす。しかし大変動が起きると、この正負両面を否応なくつきつけられるのだ。

▼今年は年始早々、「後藤新平」という四文字が新聞紙面を賑わせている。元旦に『中日・東京新聞』の「こちら特報部」のコラムに、『産経新聞』の「正論」で二回。同紙「東京特派員」欄とわずか一カ月余りにタテ続けに出ている。昨夏から秋にかけて、小社から『後藤新平と五人の実業家――渋沢栄一・益田孝・安田善次郎・大倉喜八郎・浅野総一郎』（後藤新平研究会編）と『国難来』（後藤新平著）を出版した。後藤新平は、百年前に、幕末・明治・大正・昭和初期という困難な時代を、多くの人びとの助力を頂きながらも、無私の精神で社会に奉仕し、果敢に生ききった人間である。そういう人間は居るようでいて、そう多くは居ないから光が当たるのも当然ではあるが、百年以上も前の人間が、この一月余りで四回も取り上げられるのはいささか異常なことである。それだけ、現在、後藤新平のような人間の再来が待たれているのかもしれない。

▼先日も、アフガンの近代化、インフラに貢献された中村哲医師の追悼に多くの人々が心寄せる記事があった。今から三四年前、インドの砂漠に数千キロの水を引き、インド〝緑の父〟と謳われている一人の男が静かに息を引き取った。杉山龍丸。かつて鶴見和子さんからご生前の身辺整理として、龍丸が撮ったインドの朝陽の写真を貰ったことがある。「変わった方でねえ、ちょくちょくわが家に遊びにきたの。しょっちゅうインドに行ってると聴いてるわ」と。どの程度龍丸のことをご存知だったかは知らぬが、拙の部屋に今もこの写真は飾ってある。いわずもがなこの龍丸こそ、杉山茂丸の孫であり、夢野久作の息子である。茂丸と後藤新平との関係は、かなりなもので書簡だけでも百通は超える。夢野久作は、鶴見俊輔さんの立派な評伝がある。にもかかわらず、龍丸を知る人は少ない。自分の資産をすべて擲ってインドの緑化のために尽くした人をわれわれは決して忘れてはなるまい。アジアの人民がこれから手をつないで生きることが、今最も大切なことであると信ずる。（亮）

編者紹介

張鑫鳳（チャン・シンフォン）

中国・長春生まれ。少女時代と青春時代に文化大革命を体験した。その後、下放。農村教師・工場労働者を経て、文革後、大学に入学。中国文学専攻。中国の伝統文化と西洋文化を学ぶ時期を経て、独学の日本語で日本文学の翻訳に取り組む。日本の作家に導かれて親鸞思想と出会い、現在、親鸞思想の研究を続けている。著書に『中国医師の娘が見た文革』（2000年）『旧満洲の真実』（2014年、いずれも藤原書店）他。

中国人が読み解く　歎異抄〈中国語訳付〉

2020年3月30日　初版第1刷発行©

編　者　張　鑫　鳳

発行者　藤　原　良　雄

発行所　株式会社　藤　原　書　店

〒162-0041　東京都新宿区早稲田鶴巻町523
電　話　03（5272）0301
FAX　03（5272）0450
振　替　00160 - 4 - 17013
info@fujiwara-shoten.co.jp

印刷・製本　中央精版印刷

落丁本・乱丁本はお取替えいたします
定価はカバーに表示してあります

Printed in Japan
ISBN978-4-86578-258-5

歎異抄[1]

序

窃[2] 廻愚案，追溯古今，不觉感叹[3] 先师（亲鸾）[4] 口传真信之不可思议，又未免忧虑学习师教的后代人之疑惑。若非有幸值遇有缘的“知识”[5]，我等怎能得以进入净土易行道[6] 一门？切不可以自见之愚拙，而乱他力之宗旨。为此，我将尚留耳底的已故亲鸾圣人之言传真教披露，特为驱散同心求道的行者之疑云。

注

（1）《叹异抄》——全一卷。亲鸾的弟子唯圆著。共十八章。前十章是亲鸾法语集录；后八章指正违背亲鸾教义之異说。后序记载了亲鸾在世时代所遭遇的法难以及被处不实之罪的历史事实。本书转述亲鸾的音声语言之精华，阐述他力本愿之真髓，被称为他力信仰的极致，是净土真宗的重要典籍，古今注释书颇多。

＊唯圆——（1222 ～ 1289 年）被推定为《歎異抄》的著者。亲鸾的亲授弟子。据传，亲鸾入寂之后，作为领受亲鸾言传身教之弟子而被宗门所尊重。

（2）窃——谦指自己。

（3）至今为止，“叹异”被翻译为“叹息异说”，译者基于亲鸾的代表作《教行信证》的翻译体验，根据常年研究结果，认为《教行信证》所传达的核心是“庆所闻，叹（赞叹）所获”所以，将“叹”译为“赞叹”。将“叹异”解释为“赞叹不可思思议”。“异”亦包含“不可思议”之意。所以，“叹异”一词，也可以解释为“赞叹不可思思议”。现代汉语中，“歎”与“嘆”都写作“叹”，但此二字语源有别。依《说文解字》，古文“歎”与“嘆”义别。“歎”与喜乐为类，“嘆”与怒哀为类。“异”包含差异与惊异之双重意义。于语源，“異”字的象形文字为双手将东西举过头顶之形。本稿也以汉字语源为根据。（孙有清编

著《说文解字》中国书店 2011 年 1 月参照　东汉许慎原著　湯可敬撰《说文解字》 岳麓书店 1996 年 12 月　小川环树编辑《新字源》角川书店 2017 年 10 月　参照）

（4）亲鸾——（1173 － 1262）日本净土真宗开祖。代表作《教行信证》。

（5）知识——佛教用语之“知识”，有别于日常用语。“知”，通于“智”，此处意为引导自己值遇佛法之师。

（6）易行道——为“难行道”之对称。即信阿彌陀佛的愿力，念佛往生净土为“易行道”。反之，自力修行，追求于此土入圣称为“难行道”。

＊本翻译以莲如手抄本为原本。原本为片假名。自《净土真宗聖典全書二　宗祖篇　上》（本願寺出版社　2012 年）

1

亲鸾圣人如是说：

当你相信阿弥陀佛[1] 誓愿不可思议，自己可以乘其愿力往生净土，而生起念佛之愿望时，你就已经被摄入阿弥陀佛的摄取不舍的利益之中了。应知：阿弥陀佛的本愿[2]，没有男女，老少，善恶之差别，只要有信心。所以，阿弥陀佛的本愿才称之为拯救所有罪恶深重，烦恼炽盛的众生之誓愿。因之，只要相信本愿，即不必刻意行善，因为没有胜过念佛之善；相信本愿，任何恶都无所惧，因为没有能够妨碍阿弥陀佛的本愿力之恶。云々。

注

（1）阿弥陀佛——净土宗，净土真宗之信仰的核心。阿弥陀为音译，意译为“無量寿、無量光 ”。据《大無量寿経》之意，阿弥陀佛寿命無量、光明無量、智慧無量、力無量，能于掌中将一切世界一览无余。亲鸾明确指出“弥陀佛是使人了知自然之‘相’的‘度量’”，认为弥陀佛是蕴藏于形象之内的自然法则，宇宙本体之象征。亲鸾所显示（显露晓示。参照 18 章注“真实之教与权假之教”）的佛教真理与信奉神灵的迷信之根本区别也在这里。亲鸾信仰中的念佛，并非是祈祷神佛的保护与恩惠，而是皈依于“自然”（参照第 6 章注“自然”）。念佛者在“南无阿弥陀佛”的梵音之中，从日常感觉框范中升腾而出，立足于宇宙本土之上俯瞰一己的微小存在。念佛者的人生，是奔向阿弥陀佛的国土的历程。在这一人生里程中，主体地品尝人生况味（包括无法逃避的苦恼和困惑）之同时，感知被大梵生命所包容，向生命本源皈依的安堵与欣慰。

（2）本愿——本，根本之义。愿，是佛与菩萨于未成佛果以前为

了救众生发起的根本誓愿。即佛与菩萨所发的无量誓愿中，最为根本之愿称为本愿。净土宗以阿弥陀佛的四十八愿中的第十八愿为本愿。亲鸾称第十八愿为真实信乐之愿。此愿大意是：众生只要称念我的名字，发起信心，就能往生净土。

2

亲鸾圣人如是说：

你们不惜身命，长途跋涉，越过十余个国家[1]的国境，特意（从关东到京都）赶来见我，是为了问明往生极乐之道。

但是，如果你们以为除了念佛之外，我还知道其他往生之道，其他论述往生之法文，教诲等，而来寻求奥义，那就大错而特错了。如果是抱着此种目的，你们应该去走访南都北岭[2]的庙，那里有许多优秀的学僧，可以向他们去求教关于往生净土[3]的大道理。

亲鸾这里，只有以身领受，并深信不疑的尊师法然[4]上人的一句话“专心念佛，能被阿弥陀佛所救”。除此之外，别无所有。至于念佛到底是往生净土之因呢，还是下地狱[5]之业[6]？我无可奉告。

对于我来说，纵然是因为听信法然上人的话念佛而下了地狱，也不会认为是受了骗而后悔。因为，对于可以靠念佛以外的佛教修行能够成佛的人来说，如果因念佛而下了地狱，会感到是受了骗而后悔。而对于其他任何修行都已无济于事的人来说，本来，已经是除了地狱之外，别无归宿。

但我坚信不移：如果阿弥陀佛的本愿之说是真，释迦牟尼佛的说教就不假；如果释迦牟尼佛的说教真实，善导[7]大师的解释就不虚假；如果善导大师的解释真实，法然上人的语言就不虚伪；如果法然上人的语言确实可信，我亲鸾所说就不是无稽之辞。

说到底，愚身之信心不过如此。至于是选择念佛，信佛之道，

还是舍弃念佛？那是你们各自的想法，请各自去裁决。

注

（1）十余个国家——从关东到京都途中经过的十多个国土。“国”为日本古代至近世的行政划分单位之一。

（2）南都北岭——南都指兴福寺（法相宗大本山）及东大寺（华严宗总本山）所在地所在地奈良，北岭指延暦（天台宗总本山）所在地比叡山。

（3）净土———佛所居之處，清净土，佛国。对此而言，众生所居之所，有烦恼污秽，故称秽土，秽国。净土之说教，为以救度众生为己任之大乘佛教所宣说，小乘佛教并无此说。大乘佛教认为，得涅槃之诸佛，各自其国土教化众生，故建立接引众生之国土。

（4）法然——日本净土宗的开祖。亲鸾所敬仰的他力念佛传统中的七高僧之一。亲鸾知遇他力本愿念佛之师。

（5）地狱——梵语“那落迦（naraka）”。直译为“无幸处”。六道（天、人、阿修罗、畜牲、饿鬼、地狱）之一。又称为地狱道。罪人受苦之处。

（6）业——参照第 13 章注“宿业”。

（7）善导——中国净土教的集大成者。亲鸾所敬仰的他力念佛传统中的七高僧之一。

3

亲鸾圣人如是说：

善人，尚且能够往生净土，更何况恶人[(1)]？可是，世俗的人们却总是说，“恶人，尚且能够往生净土，更何况善人？”这种世俗的说法，似乎顺理成章，其实与阿弥陀佛的本愿救济旨趣相违。

为什么呢？因为靠自力修行成佛的善人，缺少全身心托付于本愿之愿望之时，不在阿弥陀佛本愿摄取之中。但是，这种善人，如果能翻转盲目相信自力之心，就能托身于阿弥陀佛的本愿之力，可以往生阿弥陀佛的真实报土[(2)]。

我们本是烦恼[(3)]具足之身，依靠自力无论怎样修行，都无法脱出烦恼邪见之迷路。正是哀悯处于如此生存状态的芸芸众生，阿弥陀佛才发起誓愿（本愿）。其本意，就是为了使“恶人”成佛。所以，全身心托付于佛力（本愿之力）的“恶人”，才是往生之正因[(4)]。在这种意义上说，“善人尚且能够往生净土，更何况恶人”。

注

（1）恶人——此处的“恶人”，含有多层次的意义。原意是作恶之人。而根据佛教“真实与方便（真谛与俗谛）”之教义来解释，“恶人”含有双重意义。于方便之教，相对于善人，恶人是不行善事之人，又指违背佛教说教，否认佛教正理而不信守者。而于真实之教，并无有善人与恶人的二元对立。“恶”是实存意义上之“恶”，是超越善恶二元对立的人之存在的绝对的“恶”，指罪恶烦恼之人类存在的本质。罪恶烦恼的根源是“分别心”，又称之为“邪见”，“迷惑”，即是二元对立之思维方式。亲鸾依据大乘佛教

的原理，认为：人类无论如何也无法摆脱“罪恶烦恼”之桎梏，所以，本质上都是恶人。为此，亲鸾佛教中的“恶人”的“恶”，是实存意义之“恶”。“恶人”，是所有的人。

（2）报土——“化土”之对语。佛之报身所居之土。又名为“真实报土”。即酬报佛于因位时之愿行（所发誓愿及为成就誓愿之修行）所成就之土。因之，佛之报土，是真实誓愿与修行所熏染显现的庄严清净国土。极乐净土即是法藏比丘（阿弥陀佛因位之名）的四十八愿所成就的报土。传统净土宗以阿弥陀佛之净土为报土，“化土”则是阿弥陀佛为自力修行的行者所权巧施变的假净土。亲鸾发展了这一说教，提出“报中化”（真实報土之中之化土），将化土归于报土。即阿弥陀佛之报土中有“真实报土”与“方便化土”。将“化”解释为“教化”，“变化”，即阿弥陀佛自此地教化不能直接往生真实报土之众生，最终将其引入真实报土。因而开示出“化土”与“真实报土”之通路。“报中化”之说，昭示亲鸾在继承佛教传统之上创立的他力净土的救济思想：阿弥陀佛虽是超越世俗的彼岸之存在，但并非超离现实的架空之存在，而是在现实中做功之“法”。（参照《真宗圣教全书》二＜真佛土卷＞＜化身土卷＞　第 17 章注 4 ＜化土＞）

（3）烦恼——又作“惑”。是人之身心发生烦、恼、乱、惑、浊等精神作用的总称。烦恼的根源是“三毒”，即“贪（我执、我欲）”，“嗔”（憎、怒），“痴”（分别心、二元对立的思考方式），“三毒”又称为“三惑”，“三病”。

（4）正因——“正”为正当、正中，“因”为因种。“正因”即是成就佛果，达成往生之愿的正当因种。此处意为“阿弥陀佛所摄化之对象”。亲鸾认为：众生若以自力修行，无论如何也无法摆脱“烦恼”，不能达成往生净土之愿望。提出“他力正因”，“信心正因”之说。即是在念佛中获得阿弥陀佛所施予的他力信心。他力信心才是往生之正因。“二尊（阿弥陀佛与释迦穆尼佛）赐予真实报土之正因。（中略）深信不可思议的佛智，即是报土之因。获得信心之正因，真是难中之大难。”（《真宗圣教全书》二 521 页）“大慈悲者是佛道正因”（《真宗圣教全书》二 73 页）

4

亲鸾圣人如是说：

佛道之慈悲[1]，有自力圣道[2]和净土[3]之别。自力圣道门之慈悲，怜悯不幸的人，以悲悯之心，救助，养护。但往往力不从心，爱莫能助。而净土门之慈悲，则是念佛成佛。佛以大慈大悲[4]，随意所行，给所有苦恼之众以最大利益。

今生今世，有许多不幸之人值得可怜和同情。可是，不管怎么同情与怜悯，也不可能随心所愿地给以救助，所以，这种慈悲并非贯彻始终之慈悲。这就是自力圣道之慈悲的界限。所以说：只有念佛，才是贯彻始终的大慈大悲。

注

（1）慈悲——慈悲为佛教之根本。佛教以前汉语中有“慈”，也有“悲”，但是，并无“慈悲”一词。“慈悲”是为表示佛教之根本而诞生的语言。从语源意义来说，以慈父之心，慈愍，养护众生，为“慈”；痛感其苦并拔出其苦，为“悲”。二者合称为“慈悲”。

（2）圣道——此处的圣道指圣道门，对净土门而言。靠自力修行，现世成佛。

（3）净土——此处的净土指净土门。对圣道门而言。靠佛力往生净土成佛。

（4）大慈大悲——佛与菩萨济度一切众生的大慈悲之心。佛陀之悲乃是以同心同体状态痛切感受众生之苦，故称为“同体大悲”。又其悲心广大无尽，故称为“无盖大悲”。佛教有三种慈悲之说。一是“生缘慈悲”，又称“有情慈悲”。即观一切众生犹如赤子，而给与乐拔其苦，此乃凡夫之慈悲，故称为“小悲”；二是“法

缘慈悲”。指开悟诸法无我之真理所起之慈悲，此乃成佛之前的菩萨之慈悲，称为“中悲”；三是“无缘慈悲”。为远离差别之见解，无分别智而起的绝对平等之慈悲。此乃佛陀之慈悲，故特称为“大慈大悲”。

5

亲鸾圣人如是说：

亲鸾一次也没有为已故的父母祈祷冥福而念过佛。为什么呢？因为在世世生生(1)之中，天下之有情(2)皆可能互为父母或互为兄弟，谁都可以顺次生(3)，成佛。

如果念佛是以自力积善的行為，就可以将自己念佛之功德回向(4)给已故父母，使其得以解脱。但是，念佛并非如此。只要舍弃自力(5)，尽早开悟于他力念佛，在六道(6)，四生(7)之中无论沉沦于怎样的业苦(8)，佛也一定会以神通方便之力(9)先救济有缘(10)众生。

注

（1）世世生生——生死流转中的无数生。

（2）有情——众生的同义语。关于有情与众生之关系，诸说不一。一者认为有情只包括有情识者；一者则认为有情即是众生，其中包括有情识之生物及山河，草木等。本译采用后者之说。

（3）顺次生——顺次生，指此生之后的生。此处的“顺次生”为顺次往生”。即今生命终之时，直接往生净土。中国佛教之中，以《摄大乘》（印度无著造）为依据，主张念佛往生并非为“顺次往生”，而是“顺后往生”（隔生往生）之说为多数派。而净土教的道绰，善导则以《大无量寿经》为根据，主张念佛往生为“顺次往生”。亲鸾在承继道绰，善导之说之上，进一步提出现生往生，即“现生正定聚”之说。（参照第 14 章注“正定聚”）

（4）回向——将自己所修功德善根回施给众生，与众生共同趣入菩提涅槃。或以自己所积之善根为亡者追悼祈祷，以期亡者得

以安养。于净土宗则是将自己所修功德善根回施给众生，与众生共同往生极乐净土。或以自己之念佛为亡者祈祷，以期亡者往生净土。亲鸾主张本愿力回向，认为回向并非众生所为，而是阿弥陀佛将愿力功德回施给众生之行。

（5）自力——为他力之对称。指依凭自己的力量达及解脱之境地；反之，借佛力者，则称为他力。亲鸾思想中的他力即是阿弥陀佛的本愿力。

（6）六道——众生生死流转之生存之地。此地有天、人、阿修罗、畜牲、饿鬼、地狱之六道。

（7）四生——一切众生在轮回转生中的四种出生。即卵生（由卵壳出生者）、胎生（从母胎而生者）、湿生（由湿润地而生者），化生（无所托而生、无而化有、如由过去业力所化生者。）

（8）业苦——由于作恶业而得之苦报。（参照 13 章“宿业”）

（9）神通方便之力——神通又称作神通力，即由修禅定而得的无碍自在力。方便又称为权假方便，善巧方便。佛与菩萨为引导众生入真实法，而权设之法门。神通方便之力即是佛与菩萨应众生之根基而用种种方法施予化益之功力。净土宗依据《大无量寿经》所说，认为阿弥陀佛本愿力具有神通方便之力，阿弥陀佛为济度众生而示现种种身，种种神通，种种说法。

（10）有缘——般指与佛道有缘者，即值遇闻法得解脱机缘的众生。有缘有顺缘和逆缘。顺缘即是随顺佛法，逆缘即是违背佛法，对佛法怀有疑惑心。亲鸾主张“信顺为因，疑谤为缘”《真宗圣教全书》二 203 页），以阿弥陀佛的本愿之“慈”为“能生之因”，本愿之“悲”为“所生之缘”（《真宗圣教全书》34 頁），強调“世雄悲正欲惠逆谤阐述提”（《真宗圣教全书》1 頁），认为众生皆为疑惑、谤法之存在，所以，念佛众生皆为受惠顾于阿弥陀佛的“信顺之因，疑謗之缘”的“有缘”。

6

亲鸾圣人如是说：

在专修[1]念佛者之中，常有人为某某人是我的弟子或他人的弟子之事而生气论争。此实为无聊之争。亲鸾一个弟子也没有。如果是由个人的意图让人念佛，可以说哪人是我的弟子。而念佛完全是阿弥陀佛使之然。所以如果说哪个念佛者是我的弟子，可谓是贪天之功为己有，荒唐至极。

总之，有缘相随则聚，有缘相别则散。不可以说“背叛师傅，随他人念佛不能往生”。本是受惠于如来的信念，却欲将此功德窃于私己有，无论如何，也说不过去。

只要顺应自然[2]之道，自然懂得知佛恩，也自然懂得知师恩。

注

（1）专修——杂修之对语。专门修一种修行称为专修，反之，混合而其他而修，称为杂修。净土宗以专门修念佛一行为专修念佛。

（2）自然——佛教用语之“自然”日语发音为“jinian”，是显示亲鸾思想神髓之语。亲鸾解释说：“自，自然而然。（中略）然，法使其然。非行者之所为，而是如来的誓愿之所为。”亲鸾思想中的自然，是指超越人为的佛法。其开显于阿弥陀如来的本愿之功用。（参照第一章注“阿弥陀佛”）

7

亲鸾圣人如是说：

念佛，是畅通无阻之一道。为什么呢？因为信心[1]念佛的行者，天神地祇[2]都敬服，魔界[3]，外道[4]无所碍。罪恶不能在其身上感应业报[5]苦果。念佛之功，诸善所不能及。

注

（1）信心——信受佛法不疑不惑之心。净土宗尤其主张信受阿弥陀佛的本愿力，不疑不惑。

（2）天神地祇——天上诸神与住在地上，地下，海中等处的诸鬼神。

（3）魔界——夺人之命，妨碍修善之恶魔的世界。

（4）外道——佛教以外的宗教。

（5）业报——由身、口、意的活动所造的，左右未来的行动之力称为业。业报，又称为业之果报。即身、口、意的活动成为业因，由业因之善恶而感应（招致）苦乐之果报。于佛教用语之“招致”称为“感应”。（参照第 13 章“宿业”。）

8

亲鸾圣人如是说：

念佛，对于行者[1]来说，是非行[2]、非善。非自我意识之行，称之为非行；非自我意识所修之善，谓之为非善。只有他力，超离自力。所以说，念佛，对于行者来说，是非行，非善。

注

（1）行者——佛道之修行者，修念佛法门者，称“念佛行者”。

（2）行——为达到悟境而作的修行，行法。亲鸾以称名念佛为“大行”。

9

我问亲鸾圣人说：

“尽管念佛，也不能产生欢喜雀跃之感，又不能产生速去净土之急切之心，该如何是好呢？”

亲鸾圣人回答说：“我也正为此事而犯愁呢。原来，唯圆房也和我一样啊。细细想来，念佛本应产生欢喜雀跃之感，而我却没有这种感觉，欢喜不起来。这样看来，反而更觉得自己是往生一定(1)之身了。本应欢喜雀跃，却不能，是因烦恼缠身之所致。阿弥陀佛对此事早就了如指掌，所以称我们为‘烦恼具足的凡夫’。阿弥陀佛的他力之悲愿，就是为我们这样‘烦恼具足的凡夫’而发的。领会阿弥陀佛的如此之悲愿(2)，更觉得有所依托了。

还有，不仅是缺乏速去净土之急切之心，而且，一旦身体不佳，就担心会死去。这也是烦恼之所然。我们在久远的劫(3)中，经历了无数的生死时空，流转而来。而这烦恼之故乡，竟让我们流连不舍，难以离去；而未曾体验过的安乐净土，却难以让我们渴望速速往之。可见我们的烦恼如何之盛。

但是，不管我们怎样留恋不舍，此娑婆(4)的因缘终结，心衰力竭，身不由己之时，自会被引向净土。阿弥陀佛的悲悯之心，尤其惠顾给没有速去净土之急切之心的人。这样想来，越发深知往生净土已经由悲愿所决定，此身已经有所依托。反之，如果说有欢喜雀跃之感，不缺乏速去净土之急切之心，反而会使人疑惑：难道此人不是烦恼之人吗？”

注

（1）一定——也称为决定。不定之对语。即没有怀疑的余地，已经决定。此处的，“一定”含有“正定聚”之意味（参照第 14 章注“正定聚”，第 12 章注“不定”）

（2）悲愿——“悲”即拔苦之意。悲字之语源为＜心＋非＞，羽翅左右分裂之状，比喻身心难以忍受之痛楚。佛与菩萨怜悯众生痛切感受其痛苦，欲救度之心称为大悲心。“悲愿”即是由大悲心而发起的济度众生之誓愿。

（3）劫——佛教的时间单位，与刹那相对，无始无终，称为大时，即永远无限的时间。劫之中包含着に过去世、现在世、未来世。

（4）娑婆——梵语“sahā”之音译。又译作“娑呵”，意译为忍，忍土。娑婆世界是释迦牟尼施予教化的现实世界。此界众生安居与悪，堪忍烦恼，不欲出离，所以称为忍，忍土。

10

亲鸾圣人如是说：

念佛，以无义为义[1]。因为其义不可称量，不可以言说，不可思议。亲鸾圣人在世时，许多人怀着共同的心愿，跋涉遥遥里程，不辞辛苦赶到京都，以同一信念，为实现当来之世[2]往生阿弥陀佛的报土[3]之目标，一同领教亲鸾圣人的教诲。追随这些人称念南无阿弥陀佛者，男女老少不计其数。可是，近来听说不符合亲鸾圣人的教诲之异义到处流传。在此，对这些违反道理之异义，一一详细评说。

注

（1）以无义为义——此处之“义”包含层次不同的双重意义。“无义”的“义”，是超越形象思维言语的“大义”。即深藏于现象之内的本体真实。“为义”之“义”，是以方便将本体真实显现为现象，以引导众生悟入真实。“为义”之“义”，是以方便将本体真实显现为现象，以引导众生悟入真实。“法身无像而殊形并应；至韵无言而玄籍弥布。（法身无形却以殊形对应千差万别的现象而显现；至韵无言却遍布于佛典的字里行间。”（《真宗圣教全书》二　111页）即所谓大音无声却响彻寰宇；大象无形却遍布于万有之中。由此可见，于亲鸾思想中的念佛，是以有声，有形之教引导众生参悟本体真实之法门。

（2）当来之世——世为迁流、隔别之意。因为佛教认为众生是罪恶生死之存在，流转于生死轮回之中，所以有“已（过去世）、今（现在世）、当（未来世）”三世之说。此三世，即是众生生死轮回的生存之地。于此说中的当来世即是来世。净土教认为念佛通达三世“十方三世无量慧，同乘一如号正觉”。（昙鸾《论

注註》）亲鸾承袭净土教的理论，认为念佛之功不被三世时间所隔离。“如子想母，众生若想念佛，不隔现时于来世，无疑见如来”。（《真宗圣教全书》二 499 页）“若众生心忆佛，现前、当来必定见佛，去佛不远”（《真宗圣教全书》二 581 页），“十方三世無量慧，同乘一如号正觉”（《真宗圣教全书》二 491 页）因为念佛之功使众生解脱于生死轮回之三世，所以亲鸾说教中的“当来世”意味着永远的来生。

（3）报土——第 3 章注参照。

11

对那些不识文字，不懂念佛的意义，只管念佛的人，有人诘问说："你是因为信阿弥陀佛的誓愿不可思议而念佛？还是因为信阿弥陀佛的名号不可思议而念佛？"对这两个不可思议不加说明的这种诘问，只能扰乱人心。这是一个值得认真对待的问题。

阿弥陀佛以不可思议的誓愿，深思熟虑出不可思议的"南无阿弥陀佛"这一容易接受，容易称念的名号。并保证：称念这一名号的人，都摄取不舍，使其往生净土。众生深信只要被阿弥陀佛不可思议的大悲大愿所济度，定能出离生死[(1)]。口念阿弥陀佛之行，完全是佛意使之然，因为这一深信之中没有私心杂念，契合于阿弥陀佛的誓愿，是一定能够往生极乐净土的。所以，只要一心深信阿弥陀佛誓愿之不可思议，名号的不可思议就已经具足，誓愿与名号之不可思议，本来无别，无须分而为二。

此外，念佛中参杂自我的思量打算，以善恶分别之心思量往生净土，以为多做善事有助于往生，多做恶事不利于往生。这样的人并没有全身心托付于阿弥陀佛的誓愿之不可思议，以自我之打算努力积累往生之业而念佛，属于自力修行，不是真正相信阿弥陀佛的名号的不可思议。尽管如此，这种信心不纯的念佛者，也能往生"边地、懈慢、疑城、胎宫"[(2)]等权宜净土，因为有阿弥陀佛的"果遂之愿"[(3)]，最终也会往生真实报土的。这就是名号之力的不可思议，也就是誓愿之力的不可思议。

注

（1）生死——由业之因缘而生死轮回。

（2）边地、懈慢、疑城、胎宫——为阿弥陀佛极乐净土之方便化土。即怀疑阿弥陀佛本愿而杂修者所生之处。按亲鸾之说，阿弥陀佛的方便化土分为疑城、胎宫与懈慢，边地两种、边地是极乐淨土的周边地。乃怀疑佛智者所往生之国土。懈慢地为修行定善（心集于一处不散乱），散善（行善事）者所往生之处。即是说，参杂自力之心修诸功德之人，死后虽然往生淨土，不能进入真佛土，生于化土，五百年不能得見真佛。疑城、胎宫是阿弥陀佛的极乐净土中，以疑惑心修诸功德之行者所止之处。此人命终虽往生淨土，不能进入真佛土。疑城是淨土的界边的七宝城，生于此城者，五百年不能得見真佛。胎宫是阿弥陀佛的极乐净土中的莲华的华胎。怀有疑惑心修诸功德之行者，虽然往生净土，却住于华胎中而不得出，五百年不能得见真佛。

（3）果遂之愿——阿弥陀佛誓愿中的第二十願。果遂即是最终实现目的。阿弥陀佛的第二十願中发誓説：“十方之众生（中略）闻我名号，系念我国，植诸德本，至心廻向，欲生我国，不果遂者，不取正觉”。即是说，向往阿陀之国土而自力修行念佛的人，也会最终实现往生真实报土之愿望。所以第二十愿称为果遂之愿。

12

关于不读佛经佛典与经典的解释书，不学佛教理论，是往生不定[1]之说。

这本是不值一驳的主张。阐明他力真实的宗旨的经典，都明确指出：只要相信本愿念佛，就能成佛。除此之外还有什么学问是往生的决定因素呢？不懂这个道理的人而做学问的人，应该先学懂经典的宗旨。学习经典与经典的阐释书，却不晓得经典的真意，可悲，可怜之至。

正因为是为了使不懂经典，不识文字的人也能轻而易举地称念而成就的名号，所以，才称念佛为易行道。反之，以作学问为主要修行的方法，称为圣道门，难行道。不是有文证（亲鸾的＜御消息＞（书信集））说："学习佛典而停留在追求名誉及现世利益之处的人之顺次往生[2]，安可知之"吗？

当时，专修念佛的人与圣道门的人，议论佛法，互相说："我们的宗派最好，其他宗派不好"等，在佛法上产生了敌对派，甚至对佛法的出言不逊。这不是以身诋毁我们所信仰的佛法吗？

即使其他宗门都说："念佛是无能之辈所行，其宗门浅薄，低俗"，我们也不与其争论，只是对他们说："像我们这样的下根[3]的凡夫，目不识丁的愚笨之人，听说只要深信南无阿弥陀佛就能得救，即深信不疑。纵然对上根[4]的人们来说是浅薄，低俗之宗，对于我们来说，却是至高无上的法门。纵然其他教法高明，我无有器量容之，也难以按其教法修行。让你和我都解脱于生死之谜界，是诸佛的本心。请不要妨碍我念佛"，并不采取以

牙还牙的态度，都是念佛同行者，哪有什么敌意可言？还有证文说：论争之处必生种种烦恼，智者应该远离论争的是非之地。

已故亲鸾圣人如是说：

释迦牟尼佛尊说:“有人信奉念佛之法，有人诽谤念佛之法。”我相信佛祖之言不错。而且正因为有谤法之人，才更觉得佛所说正确，毋庸置疑。如果没有诽谤之人，也会让人觉得：为什么只有信法之人，而没有谤法之人呢？尽管这样说，也并非特意要让人去诽谤。佛祖早就了知：有信者有谤者，必之所然。为使信者不必为别人“信”或“谤”而动摇，所以才留下这一说教。

当今之世，不是有人在学习佛法时，为了阻止别人诽谤佛法，而执着于讨论问答吗？学习佛法，本应因此而更加了知如来的本心，更知如来本愿之弘深广大，所以，对那些自卑自贱，认为自己没有资格往生净土的人，说明如来本愿没有善恶、净穢、贵贱之别，才能显示学习佛法之人的存在价值。反之，对那些无意中顺应本愿而念佛的人煞有其事地说：“学习佛法，才是往生的至关重要之事”。这种行为是法之魔障[5]，佛之怨敌[6]，不仅自身缺乏他力信心，还欲使他人误入迷途。要慎之以自恐。这样做违背先师之本心，可悲可哀，并非是阿弥陀的本愿。

注

（1）不定——定之对语。往生不一定。（第 9 章注＜一定＞参照）

（2）顺次往生——死後，随顺如来的回向生于净土。（参照第五章注“顺次生”）

（3）下根——又称为钝根。上根、利根之对语。指不能阅读经典的文章、不能理解教理的行者。

（4）上根——又称为利根。下根、钝根之对语。指能够精读读经典，理解教理的行者。

（5）魔障——魔为梵语 māra（魔罗）之略称。意译为杀者，障碍。

即是障碍佛道、佛法之魔。为强调障碍之意，以梵语之“魔”加之于汉语的“障”，称为“魔障”。

（6）怨敌——“怨”为五力之障碍（欺、怠、瞋、恨、怨）之一。“怨”障碍真实智慧。此处所说怨敌，是指障碍佛之真实智慧的佛法之敌。

13

有人说：依仗阿弥陀佛的本愿不可思议[1]之力，而有恃无恐，肆无忌惮地作恶，是仗恃本愿，造罪无忌，不能往生。这看法，其实是怀疑本愿，不晓得善恶之宿业[2]。发善心，是宿善所致；欲做恶事，是宿恶所致。所以已故亲鸾圣人说："须知，兔毛羊毛毛尖上的尘埃那样微小的造罪，都无非不源于宿业。"

有一天，亲鸾圣人问我：

"唯圆房，你听信我的话吗？"我回答说：

"是的。"亲鸾圣人又接着问：

"那么，你不会违背我所说的话？"

"决不违背。"

"你先去杀死一千个人，然后我保证你能往生净土。"

"师傅虽是这样说，可我现在连杀一个人的器量都没有。"

"那你刚才为什么说：决不违背亲鸾的话呢？"

亲鸾圣人接着说：

"现在你明白了吧。如果事事都能按自己意志去做，我让你先去杀死一千个人，保证你能往生净土时，你应该能去杀掉一千个人。可你连杀一个人的业缘都没有，所以不能杀人。人有许多时候，并非是自己心地善良，不想杀人就可以不杀的。有时明明不想害人，却可能杀掉上百人上千人。"

亲鸾圣人告诫我们：我们往往习惯于认为，自己的心地善良就是做了有利于往生的事，自己的心地不善良就是做了不利于往生的事。这里面忽视了一个往生的决定因素——阿弥陀佛的本愿。

往生是靠阿弥陀佛的本愿不可思议之功的。

也曾经有人被邪见所惑，产生误解，说本愿是拯救罪恶之人的愿，所以主动去造恶，要为自己种下往生之种。此类流言蜚语传来之时，亲鸾圣人提笔书写："难道可以因为有解毒之药，就主动去吞毒药吗？"这样说，是为了制止不正之见，并非说做恶是妨碍往生之障。如果只有守戒不做恶才能信奉本愿，象我们这样的人，如何能够解脱于生死之迷途？象我等这样浅薄，罪恶深重之身，能值遇本愿，才是值得庆幸，身有所托。当然，若没有造恶之业缘，又怎么可能造恶呢？

亲鸾圣人还说："在江河湖海撒网、用鱼钩钓鱼渡世的人们，在野地、山里狩猎，捕鸟维持生计的人们，做买卖、耕田度日的人们，都没有差别，大家都一样。无论如何，受冥冥之中业缘之驱使，人，什么事都可能做出。"当今之世，有人以后世者[3]自居，俨然只有行善之人才可以念佛。有时在念佛的道场贴出告示："做某某事的人，不许进入此道场"。这种人，是外现精进修行之相，内怀虚假不实之心。

依仗本愿，有恃无恐，造罪无忌，其实也是宿业使之然。所以，善事恶事皆为业报[4]所致，我们只能随顺本愿，这就是所谓的他力。《唯信抄》[5]也明示说："如果了知阿弥陀佛有何等无可估量之力，还会担心因为罪业缠身就难以救济吗？"正因为我们怀有依仗本愿，有恃无恐，造罪无忌之烦恼，才不容置疑，要全身心托付于他力之信心。

如果是断了恶业烦恼之后深信本愿，当然不会怀有仰仗本愿，有恃无恐，造罪无忌之烦恼。可是，断了烦恼，已经成佛，对于已成佛者，弥陀佛为济度烦恼众生而罄尽五劫思维[6]酿成的誓愿，不是失去了意义吗？

被非难为依仗本愿，有恃无恐，造罪无忌的人，不过也是烦恼、不净具足之身。如果称其为“依仗本愿”，究竟什么样的恶是“依仗本愿”，什么样的恶是非“依仗本愿”呢？追究起来，这种非难，其实浅薄无知。

注

（1）不可思议——指不可思虑、言说之境界。主要用以形容佛、菩萨智慧与神通力之奥妙。

（2）宿业——“业”为造作之意。意为行为、意志、无意识等身心活动。于因果关系中，业是过去的身、口、意之行为所延续下来的、影响现在与未来身心活动的作用力。宿业的“宿”是过去世，即前世之意。于宿业思想中，“业”含有善恶苦乐的因果报应思想，宿业包含前世，现世，来世等轮回思想。本为印度古来所流行的思想。佛教借用宿业观之同时，在消极的因果应报的宿命观中，加进了缘起思想（事物因缘而生，因缘而转化，因缘而消灭），为宿业思想带来了本质的转换，从而建立起“缘起”为核心的高层次的佛教宿业思想。于佛教宿业思想中，将善恶业归属于污染业，如来的誓愿之作用力所感应的业称为清净业。清净业可使污染业转化为清净业。在亲鸾的思想中，尤其强调清净业之作用。亲鸾所强调的宿业观即是此层次的佛教宿业思想。

（3）后世者——又作遁世者，道心者。指希望死后能生于净土，故舍避世俗事务而专修念佛、诵经，以储备后世之资粮者。

（4）业报——业之报应，或业之果报。谓身、口、意之善恶业因所必招感之苦乐果报。（参阅本章注 2“宿业”）

（5）《唯信抄》——一卷。亲鸾的法兄圣觉著。

（6）五劫思维——五劫期间的思维。即弥陀佛在因位为法藏比丘时，于发四十八愿前，曾有五劫期间之思维。“劫”为佛教的时间单位。大时，与刹那相对，表示永远无限的时间。五劫思惟，不仅意味着四十八愿产生于永远无限之时空，也意味着其超越理性思维，难以用数量计算之超越性。

14

关于“相信一念称阿弥陀佛即能灭除八十亿劫生死之罪”之说。

这一条是对《观无量寿经》所说之教的理解问题。有人说:“十恶[1]五逆[2]的罪人，一生不念佛，临命终之时，才值遇善知识[3]，值遇念佛之教，一声称念阿弥陀佛，即灭除八十亿劫生死之罪；十声称念阿弥陀佛，即灭除十倍八十亿劫生死之罪，得以往生极乐净土”。

此说是以数量论念仏与十恶，五逆之罪的轻重。由此而生出“一声称念”与“十声称念”之别。这种将念佛减罪，得利益有形化的观念，与我们所信的他力念佛相距甚远。

为什么呢？因为一声“南无阿弥陀佛”从我们口中发出，既被弥陀的光明所摄照，一念发起，即是领受金刚信心之时，已经被决定处于正定聚[4]之位。临命终之时，一生之中的诸种烦恼，都将成为开悟于无生忍[5]之缘。这就是阿弥陀佛的大悲之愿的恩之深，力之大。想想若没有阿弥陀佛的这一悲愿，我等如此鄙俗之辈，何能得以解脱于生死之束缚？如此想来，不觉愿罄尽一生称念“南无阿弥陀佛”，以报谢如来大悲之恩德。而这一生所称念之“南无阿弥陀佛”，又何尝不尽是受惠于如来大悲之恩德呢？

如果认为我念一声佛，灭我一份罪，既是用自己的努力灭罪往生，这样，（以分别心思考，行动）一生所思所想都是在造作业缚（业如绳索，将我们束缚与生死迷途之中）。那么，只好念

佛不止，至死不休，方能不造作业缚，往生净土。可是，人生叵测，业报俨然难逃，意想不到之事随时可能发生。或者疾病缠身，苦痛煎熬，无法专心于正念(6) 念佛，这种时候，将如何灭除所造之罪？若罪不灭，不是不能往生净土么？

只要随顺阿弥陀佛的摄取不舍(7) 的大悲之愿，不论遇到何种意想不到之事，即使犯下业罪，来不及念佛，到临终之时，也即能实现往生之愿。若在意外和危机病苦之时也能念佛，更证明开悟之时已近，愈发托身于阿弥陀佛，为报佛恩而念佛不已。为了灭罪而以自我之心临终念佛之人，其心之本，是缺乏他力信心。

注

（1）十恶——杀生，偷盗，邪淫，妄语，两舌［挑拨离间］，恶口（恶语伤人），绮语（夸大其词），贪欲，瞋恚（怒与恨），愚痴（自我执着心与分别心，佛教认为此为罪恶之本）。

（2）五逆——杀父，杀母，杀啊罗汉，破和合僧，出佛身血。（“五逆”之解释，大乘小乘有别，本翻译采用大乘佛教之说。）

（3）善知识——恶知识之对称。又作善友。“知”通“智”，指知其人心之识。有别于日常用语中的多知博识之意。故有此知识者，若善，则为善知识；若恶，则为恶知识。所以，知我之心，引导我入佛教正道之人，称为“我之善知识”。

（4）正定聚——三聚（正定聚，邪定聚，不定聚）之一。此语出自阿弥陀佛的第十一愿“国中人天，不住定聚，必至灭度者，不取正觉”。正定聚指众生中必定证悟者。聚为类聚，位。见道以上之圣者，断尽分别心等烦恼，能破颠倒见等迷惑，获得毕竟不退等利益，定于正性涅槃之位，故称正定之聚。（参阅《俱舍论》卷十）亲鸾以前，被解释为“彼土定聚”，即来世往生净土之后，方可获得正定聚之位。亲鸾提出“现生定聚”之说。亲鸾说念佛行者现生可得十种利益，其中之一是正定聚。谓确立真实信心之行者，一声称念，既已经处于阿弥陀佛摄取不捨之中，于现生之世，住于不退转（永不坠入六道轮回）之位，

走往生净土之路，保证来生必定成佛。

（5）无生忍——又作“无生法忍”。“无生”又称为“无生无灭”。诸法之本质并无实体，谓之“空”，所以无生灭、变化可言。然众生迷惑于这一真理，执着于生灭、有无，因而生出烦恼而流转于生死迷途。“忍”为证悟真理，心安住于理中。“无生忍”，即开悟于诸法无生无灭之真谛，心安住于其中不动摇。

（6）正念——八正道之一。又作谛念。即不被烦恼所干扰，如实忆念诸法之本质、性相而不忘失。净土宗则以面临诸种烦恼干扰而不错乱颠倒一心念阿弥陀佛名号为正念。（参阅《观经疏》＜散善义＞·《往生礼赞》＜前序＞）。

（7）摄取不舍——阿弥陀佛摄受念佛众生而不舍。

15

关于以烦恼具足[1]之身，即身成佛[2]之说。

这一说，于他力念佛的信仰中，是不值得一驳之说。即身成佛，是真言密教的本意，三密[3]行业[4]的证果[5]。所谓“六根[6]清净”，是“法华一乘[7]”之说教，是由修“四安乐[8]”之行而感得之功德。这些都是难行[9]、上根[10]之人的修行，由观念所成就之开悟。

与此相对，往生净土，来生于彼岸开悟，是他力净土的宗旨。这是由信心决定之修行之道，是易行、下根之人的修行，是不简善恶之法门。

其实，今生今世，肉体凡身，断灭烦恼恶障，极其不易。所以，即便是修行真言法华的圣僧们，也不得不乞愿顺次生[11]的开悟。更何况我等不能持戒修行，也不能以惠根解悟佛法之人？但是，当我们乘上弥陀本愿之船时，即能渡生死之苦海，达及报土之彼岸，烦恼之乌云就即刻被驱散，法性之明月即可显现，与普照十方的无碍光明融汇于一体。这就是芸芸众生都获得利益[12]之时，也正是我们解脱开悟之机。

所谓以肉体凡身，今生今世解脱成佛，只有能象释迦牟尼佛那样能具现种种应化身[13]，具足三十二相[14]，八十随行好[15]，以此功能说法，给众生以利益的人才有可能。这正是今生解脱成佛之榜样。

亲鸾圣人的《高僧和赞》中有这样的话：

“金刚坚固的信心决定时，弥陀心光摄取照护，生死迷途永

相隔。”

就是说，信心决定之时，即被弥陀佛所摄取，不会被舍弃，永远不再堕入六道的生死轮回之中。所以说:“生死迷途永相隔。”但是，了知这一真理，不可以与所谓今生开悟混为一谈。此种误解，是可悲的。

已故亲鸾圣人说过：

“在于净土真宗，是今生相信本愿，往生净土之后开悟。这是先师法然上人之教诲。”

注

（1）烦恼具足——佛教认为：人类无法摆脱分别心和贪欲，由此生成种种烦恼，造作种种罪恶。所以“烦恼具足”一词，用以表示普遍的人之存在的本质。参阅第二章注“烦恼”。

（2）即身成佛——又称为“现生成佛”。意为只要发菩提心，现在之肉体凡身即可成佛。日本真言宗的开祖空海在其所著（《即身成仏義》中，主张与佛一体化，可以现生成佛。日本天台宗的开祖最澄根据《法华经》之说教，也主张众生借助《法法华经》之经力，可以即身成佛。亲鸾认为即身成佛是真言密教的立场，属于难行、圣道门之修行。（《愚禿钞》《真宗圣教全书書》二455，466 页）

（3）三密——秘密之三业，主要用于表示密教的修行方法。身密（手结法印）；口密（口颂真言）；意密（心观如来本尊）。

（4）行业——身、口、意之行所造之业。

（5）证果——证悟真理，进入果位。此处指与大日如来的三密相应而得之悟性。

（6）六根——又称为六情。眼、耳、鼻、舌、身、意。之六种感觉器官及其机能。眼根（视觉器官及视觉机能）、耳根（听觉器官及听觉机能）、鼻根（嗅觉器官及嗅觉机能）、舌根（味觉器官及味觉机能）、身根（触觉器官及触觉机能）、意根（思惟器官及思维机能）。

（7）法华一乘——《法华经》所说的一乘教。天台宗以此为成佛的最高层次之教。

（8）四安乐——《法华经》、《安楽品》所说的四种行法。身、口、意的安乐行与誓愿安乐行。

（9）难行——参阅第一章注“易行道”。

（10）上根——参阅第十二章注。

（11）顺次生——参阅第十二章注。

（12）利益——由随顺佛法而得到的惠顾，功德。于现世所得利益称为现益（现世利益），来世所得利益称为当益（来世利益）。一般以除災招福为现現世利益。而净土宗则主张以念佛所得的灭罪、护念（阿弥陀佛护念念佛众生）、见佛等利益为现益，死后往生净土为当益。于亲鸾说教中的“利益”，没有现世、来世之隔离之意。现益、当益之词，也不含有二元对立的概念。亲鸾强调：只要念佛，“不隔现前与当来”，“三世的重障皆转为轻微”（《净土和赞》《真宗圣教全书》二），受惠于如来大悲回向之利益，众生于现生值遇真实信心，居于正定聚之位，走往生净土之道，得到来生必定成佛之保证，即是获得了通向来生的现生利益。（第十章注 2“当来世”参照）

（13）应化身——佛的三身（法身，报身，应身）之一。“应”是应现，应众生之机类而现身，谓之“应”；“化”是变化，应众生縁而生种种变化，谓之“化”。大乘佛教基于佛济度众生之功用，主张一佛多身之说。关于佛身之数量及名称，诸说不一。其中《金光明最胜王经》所说“法身，报身，应身”之“三身”为基本说教。“身”，聚集之义。法性之聚集称为“法身”。“法身”，音译为“达摩加耶”。即真如，法性，宇宙万有之本体。法性为穷极之体，永恒不变，无分别、无形、不可说、湛然不动。聚集智慧之法，称为“报身”。报身以大悲为体并非众生肉眼所能见。即佛以大悲智慧，将穷极之体不变的法性开显给众生。功德法之聚集称为“应身”。“应身”又称为“应化身”、“化身”。即为济度众生，如来以慈悲方便应其机而权现种々身。例如釈迦释迦牟尼佛。“三身”中法身为“本”，由“本”生出其他二身。净土教主张阿弥陀佛一佛多身，但各祖师其说不一。亲鸾根据

《大无量寿经》所说，明示阿弥陀佛证成了“法身、报身、化身”三身，并认为：念佛众生所值遇的所有人，所有事，所有机缘，都为阿弥陀佛化身之功能所显现。(《金光明最胜王经》(《金光明最胜王经》《大正大藏经》第十六卷，亲鸾著《教行信证》＜证卷＞，亲鸾著＜愚秃鈔＞，亲鸾著＜末燈鈔＞等参照)

(14) 三十二相——佛身具足三十二种殊胜容貌及微妙之形象。

(15) 八十随行好——又称为八十种妙好。佛之应化身有“显彰”(可以眼见之形)与“隐密”(不可眼见之体)。以“显彰”而现之身为三十二相，以“隐密”而现之身为八十种妙好。二者合称为“相好”。

16

信心[1] 念佛的行者，有时发怒，有时作恶，有时与念佛的同朋[2]、同志争吵。有人说，这种时候必须回心。这一条，可以说是将“回心”理解为断恶的自力修善了吧？

对于一向专修[3] 的念佛的人来说，“回心”一生之中只能有一次。这唯一的一次“回心”，是原来不知道本愿他力真实宗旨的人，因知遇弥陀的智慧，觉悟到这样下去无法往生净土，而转换自我之心随顺于本愿之智慧。这种（心之受动向高层次的）转换，才可谓之为“回心”。

人之生命无常叵测，呼吸吞吐之间丧失性命之事并非无有。如果一定要事事回心，早也回心，晚也回心，才能实现往生净土之愿，岂不是尚未来得及回心，尚未获得柔和忍辱[4] 之心就了却了性命？那么，所有众生摄取不舍的阿弥陀佛的誓愿岂不是不能兑现了吗？

嘴上说随顺愿力，心中却在想：尽管誓愿不可思议拯救恶人之，还是多做好事的人才能得救。这还是怀疑愿力，欠缺随顺他力之心。这样的人，只能受生于边地[5]，尤为可叹。

只要信心决定，往生自有阿弥陀来决定，岂有我心作打算之余地？正因为体察己心之恶，才更加托身于弥陀的愿力，顺其自然，自然会生出柔和忍辱之心。往生之事，不能要小聪明，只须以心感受弥陀的恩之深重。这样，自然会发出念佛之音。这就是自然[6]。无我称之为自然。这就是他力。

可是，有人自以为是，主张此外别有自然。听说这种见解，

不觉叹息不止。

注

（1）信心——参阅第 6 章注 1

（2）同朋——又称为“同行”。乃同心修行佛道之人。大乘佛教重视修行佛道之同行。认为：若没有同心齐志、切磋琢磨、鞭策鼓励、如同共乘一船之同行，难成佛道正果。亲鸾称信心共同之念佛者为“同朋”、“同行”。于现代净土真宗，宗门的门徒皆被称为“同朋”。

（3）一向专修——“一向”即专心。不修余行、余善，专心只修念仏一行。

（4）柔和忍辱——心柔软，随顺真理，不违逆自然为“柔和”，也称为“柔顺”。受到他人侮辱，恼害也不生嗔怒，憎恶之心，自身遭遇苦境也不动摇，证悟真理，安住于自然称为“忍辱”或称为“忍”。据《法华经》所说，柔和忍辱之德可以防止一切之嗔怒。

（5）边地——参阅第 11 章注 3

（6）自然——参阅第 6 章注 2

17

关于往生边地[1]之人，终究要堕入地狱之说。这一说，以何经何典为根据呢？而此说出自于学生[2]之中，更让人觉得可叹。他们到底是怎么领会佛经及佛典注释的真实说教的呢？亲鸾圣人教诲说：缺乏信心的行者，由于怀疑本愿，而往生边地。但只要赎回怀疑之罪，之后还是可以往生真实报土[3]，开悟成佛的。因为真能直接获信的行者极少，所以阿弥陀佛以权宜方便，将许多修行之人先引入化土[4]。如果说这些人结果空无所得，堕入地狱，岂不等于说如来以妄语欺人吗？

注

（1）边地——参阅第 11 章注 3。

（2）学生——学习，研究佛教学问的人。

（3）报土——第 3 章注 3 参照。

（4）化土——“真土”之对语。由阿弥陀佛的慈悲方便而权现的假净土。为不能坚信本愿，以自力修行及以自力念佛的行者，阿弥陀佛巧施方便，权现此净土。然此净土并非真实报土，故又称“方便土”。此净土以化身佛为教主，并非真实报身佛所居之土。获得他力真实信心者，直接往生真实报土，而怀有疑惑之心（善恶二元对立的分别心），依自力修行欣求往生净土者，虽然往生净土，却不能进入真实净土，权且进入此土，待机缘成熟，终将会被摄入真实报土。此权现之净土称为“化土”。参阅第 3 章注 3“报土”，《观无量寿经》《阿弥陀经》，北本《大般涅槃经》卷一，《显净土真实文类教行信证》卷六，《愚秃钞》卷上

18

关于佛教法事[1]。有人说，布施之多少，决定将来成大佛还是成小佛。这一条，荒唐可笑，背离佛法。佛岂可以大小来差别？经典中确实描述了安养[2]净土的教主阿弥陀佛的身量之大，那是方便报身[3]的体相。法性开悟（参悟诸法无相[4]之真理）的世界，既无长、短、方、圆之形，也超离于青、红、白、黑之色，如何可以来衡量佛之大小之？关于见佛念佛，经典中确实也说过拜见化身佛[5]时，大声念见大佛，小声念见小佛[6]，可能是由此类推，生出了“布施多少，成大佛还是成小佛”一说吧？

布施称之为“檀波罗蜜”[7]之行。不管将多少财宝献于佛，献于佛师，如果缺少他力信心，于往生也无济于事。反之，纵使是一纸半钱也不献，只要投身于他力，信心弥深，就是顺应佛愿的本意。尽管以说佛法而自居，而人难免有世俗欲望，所以造出“布施多少，果报各别”之类的妄言，蛊惑念佛的同行。

以上所列各条也许都是从违背真实信心之处所生。已故亲鸾圣曾经说过这样的话。

法然上人在世时，弟子很多，但与亲鸾圣人信心相同的人却很少。有一次亲鸾圣人与同门的弟子们关于信心发生了争吵。争吵的内容是这样：

亲鸾说：“善信（亲鸾自身）的信心与法然上人的信是同一个信心。”

势观房，念佛房等同门的弟子们反驳说：“岂有此理。为什么法然上人的信心，善信的信心会是一个信心呢？”

亲鸾说："法然上人智慧学识深广，在这一点上不能说我与法然上人一样。可是，要说往生阿弥陀佛净土的信心，却没有什么两样。完全是同一信心。"

同门的弟子们还是坚持说："两个人为什么会是同一信心呢？哪有这个理？"各种疑问，非难纷纷而起。结果闹到法然上人那里去评判是非。大家各说各的理，法然上人听后说：

"源空（法然）的信心，是受惠于如来的信心，善信房（亲鸾）的信心，也是受惠于如来的信心。所以只有一个信心。如果是持有别种信心的人，法然所往生的净土，他恐怕是去不成了。"

由此可以推知，当时在专修念佛人中也有人与亲鸾信心相异。尽管说来说去，不过是反复强调同一内容，但还是都记载下来。

身命犹如朝露，老身已如枯草，此生所剩无几。有生之年，听到念佛同行之疑问，以收于耳底的亲鸾圣人之教诲做回答。但想到老身闭目之后，异说纷起，不可收场，不由得哀叹不已。到那时，如果如上所说被各持异见相互论争之人蛊惑之际，切莫忘记真切体察亲鸾圣人的心声，认真领悟亲鸾圣人的圣教。所说圣教，大多是真实之教与权假之教(8) 相互参杂。舍权取实，弃假用真，是亲鸾圣人的本意。真诚地祈愿：千万不要误解圣教，以假乱真。

在此，从亲鸾圣人的真实教诲中，摘取些許金言，作为信心之指南，綴成一册。

亲鸾圣人在世时曾抒怀说："细细体察弥陀佛罄尽五劫的思维(9) 而成就的本愿，其实就是专为我亲鸾一人所发。这样想来，连我这样罪业深重之人都摄取不舍之本愿，是多么难得可贵！"

由此联想到善导大师的金玉良言："自身现是罪恶生死凡夫，旷劫已来常没常流转，无有出离之缘"。(10) 亲鸾圣人的抒怀与

此金言是同一心声。这样看来，难能可贵的是，亲鸾圣人的切身之说，可以启迪我们这些不知自身罪恶深重，也不知如来的恩德之人。现实中的我们，竟然将如来的恩德置之不顾，彼此委琐于你好我坏，你坏我好的世俗议论之中。

亲鸾圣人教诲说："世俗间的善恶好坏，其实无常变化，我们自己无法定决。如果能真正体察如来之心的善，会知晓真正的善；如果能真正体察如来之心的恶，也会知晓真正的恶。但是遗憾的是，我们是烦恼具足的凡夫，身处火宅(11)、无常(12)变化的人世，此世间，万事皆空、无常变化、转瞬即逝、虚无缥缈，哪有真实可言？只有念佛真实，不虚不妄。"

在彼此都陷于世俗的是非议论，争论不已之中，尤其值得痛心的是，在议论念佛之信心时，为了堵住他人的嘴，在论争取胜，明明不是亲鸾圣人所说，却妄称是圣人所说。真是低俗，浅薄之甚，让人悲叹不已。这一至关重要之处难道不值得深思，倍加注意吗？

以上所说各条，虽然并非我个人的主张，但是，因为我不懂经典与经释，又缺少把握佛教法文深浅之功力，难免会有失误之处。但是，想到只要能传达已故亲鸾圣人的教诲的的百分之一，只言片语也好，所以特将留在耳底之语记述于此。

悲哉！虽然有幸知遇佛缘，称念"南无阿弥陀佛"，却不能直接往生真实报土而寄宿于边地，岂不可悲！同为念佛之人，岂能忍心坐观同门念佛之友因相信异说而误入歧途？不觉唏嘘饮泣，以笔沾墨，写下此书，题名为《叹异抄》。

此书不可以公开于世。

注

（1）法事——又名佛事。为追福，植善根而从事的供佛、施僧、读诵等活动。

（2）安养——安心、养身之意。为西方极乐世界之异名。如安养国，安养净土等诸称。

（3）方便报身——指阿弥陀佛报身中之化身。此化身是阿弥陀佛以方便化现于化土之佛身。即对应众生千差万别之机缘而具现的种种身相。“方便报身”属于“应化身。”（参照第十五章注14“应化身”，第三章注3“报土”，“化土”）

（4）诸法无相——一切诸法本性皆空，若空无性，不可以相表示。即无色相、形相、声相等。参阅《大宝积经》卷五，《北本大般涅槃经》＜狮子吼涅槃品＞。

（5）拜见化身佛——据《观无量寿经》所说：合掌，叉手称南無阿弥陀仏。由于称佛名，（中略）彼土之仏，即化仏，化观世音，化大势力至来至行者前。（参阅《观无量寿经》。《真宗聖教全书》一17頁《大正大藏经》第十二卷345页）

（6）大声念见大佛，小声念见小佛——此语出自法然的《选择本愿念佛集》（《真宗圣教全书書》一946頁）。“《大集月藏经》（＜日藏分＞第九意”之文。云‘大念见大佛，小念见小佛’”。（注：此处是法然之注有误。原典应是《大方等大集經》＜日藏分＞，不是《大集月藏经》）

（7）檀波罗蜜——波罗蜜，意译为“到彼岸”。通常指大乘菩萨必修之行。乘此大行能由生死之此岸达及解脱之彼岸，故称到彼岸。檀波罗蜜又称布施檀波罗蜜。六波罗蜜或十檀波罗蜜之一。布施能使人远离贪心，招感善报。以因果报应之说，对佛、僧、穷人布施衣、食等必能招感幸福之果报。亲鸾认为：布施为自力修善，若无他力信心，不为往生之因。他力信心之中已经具足檀波羅蜜之功德。“如来欲明持名功胜，先贬余善为少善根所谓布施，持戒、立寺、造像、礼诵、坐禅、忏念、苦行，一切福业，若无正信，回向愿求，皆为少善。非往生因。以称名故，诸罪消灭，即是多功德善根，多福德因缘。”《教行信征》所引元照律师《弥陀经义疏》之文。（《真宗圣教全书》二161頁）

“以信心故，以菩萨摩诃萨则能具足檀波罗蜜乃至般若波罗蜜。”“以信心故，以菩萨摩诃萨则能具足檀波罗蜜乃至般若波罗蜜。”《教行信征》所引北本《涅槃经》＜迦叶菩萨品＞之文。（《真宗圣教全书》二 63 页）

（8）真实之教与权假之教——真实与权假为对语。又称为“权实”、真实，又称实。不虚之义。难以用言语表达之究极真实，绝对真理为“真实之教”。与此相对，一时，暂设之法为“权假”。权假，又称权方便。权谋暂用，权宜之义。佛为引导众生入于真实法而暂用之方便法称为“权假之教”。佛教将以“权假之教”开示“真实之教”之教化称为“显示（显露晓示”）。

（9）五劫的思维——第十三章注 6 参照

（10）“自身现是……无有出离之缘”——善导著《观经疏》中，关于“深心”的解释之文。原文如下：

＜深心＞者，即是深信之心也。（中略）决定深信自身現是罪恶生死凡夫，曠劫已来，常没常流转，无有出离之缘。（《大正大藏经》第 37 卷、《真宗圣教全书》一 534 页）

（11）火宅——火宅为着火的房屋。在此，以火比喻五浊（众生浊、见浊、烦恼浊、命浊、劫浊），以宅比喻三界（欲界、色界、无色界）。火宅一词，是将虽然为烦恼所缠身，在苦中煎熬，却不能自觉于置身于苦，泰若无事的生存状态，比作儿童不知火灾之可怕，在着火的房屋中玩耍。）（出典：《法华经》卷二＜比喻品＞《大正大藏经》第 9 卷）

（12）无常——与法之本质常住不变之“常住”之对称。意为现象世界无常变化。现象世界的森罗万象皆由因缘而生、灭、变化，与刹那间生、灭，不常住，故称“无常”。

19

后鸟羽院的太上天皇的时代，法然上人兴起他力本愿念佛宗，使其在民众中广泛传播。当时，奈良的兴福寺僧侣将此视之为佛教之敌，向朝廷奏本非难。加之有流言蜚语说，法然上人的弟子中有人不守规矩。这本是毫无事实根据的谣传，但法然上人及其弟子中的数人因此而被罚之以法。具体事实如下：

一　法然圣人与弟子七人被处以流放罪。弟子四人被处死刑。法然圣人被流放于土佐国（现在的高知县）的“番多”。罪人身份的俗名为藤井元彦男。当时法然圣人七十六岁。

亲鸾被流放于越後国（现在的新泻县）。罪人身份的俗名为藤井善信，当时三十五岁。

此外，其他弟子的流放地如下：

净闻房　备后国（现在的广岛县）；澄西禅光房伯耆国（现在的鸟取县）；好觉房　伊豆国（现在的静冈县）；行空法本房的佐渡国（现在的新泻县）。

幸西成觉和房善惠房二人本来也被处以流放罪，但无动寺之前代大僧出头请愿将二人收留。

被处以流放罪为以上八人。

被处以死罪的人如下：

一　西意善绰房

二　性愿房

三　住莲房

四　安乐房

以上刑罚为二位法印，尊長[1]之裁决。

亲鸾被改僧名赐俗名，成为非僧非俗之人。所以自以“秃”字为姓向朝廷申请获准。此申请书至还保存在外记录庁。

为此，被处以流放罪以后，亲鸾写自己名字时，写为“愚秃亲鸾”。

以上，此圣教（《叹异抄》）为我净土真宗宗门的极其重要的说教，无宿善之机，未经慎重斟酌不可轻易许之。

释莲如[2]（花押）

注

（1）二位法印，尊长——“法印”为日本僧位（法印，法眼，法桥）之一。全称为“法印大和尚位”。是日本僧纲之最上位。尊長为鎌倉时代初期的法勝寺執行，其父是一条能保，也是羽国黒山总长吏，通称二位法印尊长。

（2）莲如——（1415 ～ 1499）本愿寺第八代教主。亲鸾之第十世孙。生涯致力于教化，弘扬宗旨，中兴宗门，其遗书《御文》被视为宗门圣典。所以，莲如被后世尊为净土真宗中兴之祖。

歎異抄[1]

序

竊迴愚案，追溯古今，不覺感歎[2] 先師（親鸞）[3] 口傳眞信之不可思議，又未免憂慮所謂秉承師教的後学者之疑惑。若非有幸值遇有縁的“知識”[4]，我等怎能得以進入浄土易行道[5]一門？切不可以自見之愚拙，而亂他力之宗旨。為此，我将尚留耳底的已故親鸞之言傳眞教披露，特為驅散同心修道的行者之疑雲。

註

(1) 歎異抄——全一卷。親鸞的弟子唯圓著。共十八章。前十章是親鸞法語集録；後八章批判違背親鸞教義之異說。後序記載了親鸞在世时代遭遇法難被以及被處虚妄之罪的歴史事實。本書轉述親鸞語言之精華，闡述他力本願之眞意，被稱為他力信仰的極致，是浄土眞宗的重要典籍，古今註釋書頗多。

*唯圓——（1222 ～ 1289 年）被推定為《歎異抄》的著者。親鸞的親授弟子。据傳，親鸞入寂之後，作為領受親鸞言傳身教之弟子而被宗門所尊重。

(2) 竊——謙指自己。

(3) 至今為止，“歎異”被翻譯為“歎息異説”，譯者基於親鸞的代表作《教行信證》的翻譯體験，根抛常年研究結果，認為《教行信證》所傳達的核心是“慶所聞，歎（讃嘆）所獲”之十八願的大悲之心，“歎”字也包含“讃嘆”之意。“異”亦包含“不可思議”之意。所以，“歎異”一詞，也可以解釋為“讃嘆不可思議”。現代漢語簡体字中，“歎”與“嘆”都寫作“叹”，但此二字語源有别。依《説文解字》，古文“歎”與“嘆”義别。“歎”與喜楽為類，“嘆”與怒哀為類。於語源，“異”字象形文字為双手將東西挙過頭頂之形。本稿尊重漢字語源，将“歎”

譯為“感歎”。(孫有清編著《説文解字》中國書店 2011 年 1 月　東漢許慎原著 · 湯可敬撰《説文解字)》　岳麓書店 1996 年 12 月　小川環樹編集《新字源》角川書店 2017 年 10 月　參照)

(3) 親鸞——（1173 － 1262）日本浄土眞宗開祖。代表作《教行信證》。

(4) 知識——佛教用語之“知識”,有別與日常用語。“知”通於“智”,此處意為引導自己知遇佛法之師。

(5) 易行道——為“難行道”之對稱。即信阿彌陀佛的願力，念佛往生浄土為“易行道”。反之，自力修行，追求於此土入聖稱為“難行道”。

＊本翻譯以蓮如手抄本為原本。原本為片假名。自《浄土眞宗聖典全書二　宗祖篇　上》(本願寺出版社　2012 年)

1

親鸞聖人如是説：

當你相信阿彌陀[1] 佛的誓願不可思議，自己可以乘其願力，往生浄土，而生起念佛之願望時，你就已経被攝入阿彌陀佛的攝取不捨的利益之中了。應知:阿彌陀佛的本願[2]，没有男·女，老·少，善 · 惡之差別，只要有信心。所以阿彌陀佛的本願纔稱之為拯救所有罪惡深重，煩悩熾盛的衆生之誓願。因之，只要相信本願而念佛，即不必刻意行善，因為没有勝過念佛之善；相信本願，任何惡都無所惧，因為没有能够妨礙阿彌陀佛的本願之惡。云々。

註

(1) 阿彌陀——浄土宗，浄土眞宗之信仰的核心。阿彌陀為音譯，意譯為“無量壽 · 無量光”。拠『大無量壽経』之意，阿彌陀佛壽命無量，光明無量，智慧無量，力無量，能於掌中将一切世界一覧無餘。親鸞明確指出“彌陀佛是使人了知自然之‘相’的‘度量’”，認為彌陀佛是蘊藏於形象之内的自然法則，宇宙本体之象徵。親鸞所顕示（顕露暁示。参照 18 章註“眞實之教與權假之教”）的佛教眞理與信奉神霊的迷信之根本区别也在這里。親鸞信仰中的念佛，並非是祈禱神佛的保護與恩慧，而是皈依於“自然”(参照第 6 章註“自然”)。念佛者在“南無阿彌陀佛”的梵音之中，從日常感覚框範中昇騰而起，立足於宇宙本土之上俯瞰一已的微小存在。念佛者的人生，是奔向阿彌陀佛的國土的歴程。在人生里程中，主體地品賞人生況味(包括无法逃避的煩惱和困惑）之同時，感知被大梵生命所包容，向生命本源皈依的安堵與欣慰。

(2) 本願——誓願，是佛与菩薩於未成佛果以前為了救衆生発起

的根本誓願。本又作根本之義。即佛与菩薩所発的無量誓願中，最為根本之願称為本願。浄土宗以阿彌陀佛的四十八願中的第十八願為本願。親鸞稱第十八願為眞實信楽之願。即本願。此願大意是：衆生只要稱念我的名字，発起信心，就能往生浄土。

2

親鸞聖人如是説：

你們不惜身命，長途跋涉，越過十餘個國家[1]的國境，特意（從関東到京都）赶來見我，是為了問明往生極楽之道。

但是，如果你們以為除了念佛之外，我还知道其他往生之道，其他論述往的法文・説教等，而來尋求奧義，那就大錯而特錯了。如果是抱着此种目的，你們應該去走訪南都北嶺[2]的庙，那里有許多優秀的學僧，可以向他們去求教往生浄土[3]的大道理。

親鸞這里，只有縦尊師法然[4]上人以身領受，並深信不疑的一句話"専心念佛，能被阿彌陀佛所救"。除此之外，別無所有。至於念佛到底往生浄土之因呢，还是下地獄[5]之業[6]？我無可奉告。

對於我來説，縦然是因為聽信了法然上人的話念佛而下了地獄，我也不会認為是受了骗，也絶不後悔。為什麼呢？如果是本來可以靠念佛以外的佛教修行能够成佛的人，因念佛下了地獄，会感到是受了騙而後悔。而對於任何其他修行都已無濟於事的人來説，本來，除了地獄之外，已別無帰宿。

但我堅信不移：如果阿彌陀佛的本願之説是眞，釋迦牟尼佛的説教就不假；如果釋迦牟尼佛的説教眞實，善導[7]大師的解释就不是虛假；如果善導大師的解釋眞實，法然上人的語言就不虛偽；如果法然上人的言語確實可信，我親鸞所説就不是無稽之辞。

説到底，愚身之信心不过如此。至於選択念佛，信佛之道，

还是捨棄念佛？那是你們各自的想法，請各自去裁決。

註

(1) 十餘個國家——从関東到京都途中経過的十多個國土。“國”為日本古代至近世的行政划分單位之一。

(2) 南都北嶺——南都指興福寺（法相宗大本山）及東大寺（華厳宗総本山）所在地奈良，北嶺指延暦（天台宗総本山）所在地比叡山。

(3) 浄土——佛所居之處。又稱清浄土，佛國。對此而言，衆生所居之處，有煩惱污穢，故稱穢土，穢國。浄土之說，為以救度衆生為己任之大乘佛教所宣說，小乘佛教並無此說。大乘佛教認為，得涅槃之諸佛，各自在其國土教化衆生，故建立接引衆生生之國土。

(4) 法然——日本浄土宗的開祖。親鸞所敬仰的他力念佛傳統中的七高僧之一，親鸞值遇他力本願念佛之師。

(5) 地獄———梵語“那落迦（naraka）”。直譯為“無幸處”。六道（天·人·阿修羅·畜牲·餓鬼·地獄）之一。又稱為地獄道。罪人受苦之處。

(6) 業——参照参照第13章註“宿業”。

(7) 善導——中國浄土教的集大成者。親鸞所敬仰的他力念佛傳統中的七高僧之一。

3

親鸞聖人如是説：

善人，尚且能够往生浄土，更何況惡人[1]？可是，世俗的人們却総是説，“惡人，尚且能够往生浄土，更何況善人？”這種世俗的説法，似乎順理成章，其實與阿彌陀佛的本願救済旨趣相違。

為什麼呢？因為想靠自力修行成佛的善人，缺少全身心托付於本願之時，不在阿彌陀佛本願攝取之中。但是，這種善人，如果能翻轉盲目相信自力之心，就能托身於阿彌陀佛的本願之力，也可以往生阿彌陀佛的眞實報土[2]。

我們本來是煩惱[3]具足之身，依靠自力無論怎样修行，都無法脱出煩惱邪見之迷路。正是哀憐憫處於如此生存状態的芸芸衆生阿彌陀佛才発起誓願（本願）。其本意，就是為了使“惡人”成佛。所以，全身心托付於佛力（本願之力）的“惡人”，才是往生之正因[4]。在這種意義上説，“善人尚且能够往生浄土，更何況惡人”。

註

（1）惡人——此處的“惡人”，含有多多層次的意義。原意是作惡之人。而根拠佛教眞實與方便(眞諦·俗諦)”之教義來解釋,“作惡之人”含有双重意义。於方便之教，相對於善人，惡人是不行善事之人，又指違背佛教説教，否認佛教正理而不信守者。而於眞實之教，並無有善人與惡人的二元對立。“惡”是實存意義上之“惡”,是超越善惡二元對立的人之存在的絶對的“惡”,

指罪惡煩惱之人類存在的本質。罪惡煩惱的根源是“分別心”，又稱之為“邪見”，“迷惑”，即是二元對立之思惟方式。親鸞依拠大乘佛教的原理，認為：人類無论如何也無法摆脱“罪惡煩惱”之桎梏,所以,本質上都是惡人。所以,親鸞佛教中的“惡人”的“惡”，是實存意义之“惡”。“惡人”，是所有的人。

(2) 正因——“正”為正當・正中，“因”為因種。正因即是成就佛果，達成往生之願的正當因種。此處意為“阿彌陀佛所摄化之對象”。親鸞認為：衆生若以自力修行，無論如何也無法摆脱“煩惱”，不能達成往生浄土之願望。提出“他力正因”，“信心正因”之説。即是在念佛中穫得阿彌陀佛所施與的他力信心。他力信心才是往生之正因。“二尊（阿彌陀佛與释迦穆尼佛）賜與眞實報土之正因。(中略) 深信不可思議的佛智，即是報土之因。獲得信心之正因,實是難中之大難。”(『眞宗聖教全書』二 521 頁)“大慈悲者是佛道正因”(『眞宗聖教全書』二 73 頁)

(3) 報土——佛之報身所居之土。又名為“眞實報土”。即酬報佛於因位時之願行（所発誓願及為成就誓願之修行）所成就之土。因之,佛之報土,是眞實誓願与修行所熏染顕現的荘厳清浄國土。極楽浄土即是法藏比丘（阿彌陀佛因位之名）的四十八願所成就的報土。傳統的浄土宗以阿彌陀佛之浄土為報土，“化土”則是阿彌陀佛為自力修行的行者所權巧施变的假浄土。親鸞発展了這一説教，提出“報中化”(眞實報土中的化土)，將化土帰於報土。即阿彌陀佛之報土中有“眞實報土”與“方便化土”。將“化”解释為“教化”，“變化”，即阿彌陀佛在此地教化不能直接往生眞實報土之衆生，最終將其引入眞實報土。因而開示出“化土”與“眞實報土”之通路。“報中化”之説，昭示親鸞在継佛教傳統之上創立的他力浄土的救済思想：阿彌陀佛雖是超越世俗的彼岸之存在，但並非超離現實的架空之存在，而是在現實中做功之“法”。(参照《眞宗圣教全书》二<眞佛土卷><化身土卷>　第 17 章註 4“化土”)

(4) 煩惱——又作“惑”。是人之身心発生煩・惱・亂・惑・濁等精神作用的総稱。煩惱的根源是“三毒”，即“貪（我執・自我中心)”，“嗔”(憎・怒)，“癡”(分別心・二元對立的思考

方式)，又稱為“三惑”，“三病”。

4

親鸞聖人如是説：

佛道之慈悲[1]，有聖道[2] 與浄土[3] 之別。自力聖道門之慈悲，憐愍不幸的人，以悲愍之心，救助，養護。但往往力不従心，愛莫能助。而浄土門之慈悲，則是念佛成佛。佛以大慈大悲[4]，随意所行，給所有苦惱之衆生以最大利益。

今生今世，有許多少不幸之人值得可憐與同情。可是，不管怎麼同情與憐憫，也不可能随心所願地给以救助。所以，這種慈悲並非貫徹始終的慈悲。這就是自力聖道門之慈悲的限界。所以説，只有念佛，纔是貫徹始終的大慈大悲。

註

(1) 慈悲——慈悲為佛教之根本。佛教以前漢語中有“慈”，也有“悲”，但是，並無“慈悲”一詞。“慈悲”是為表示佛教之根本而诞生的語言。从語源意義來説，以慈父之心，慈愍，養護衆生，為“慈”；痛感其苦並拔出其苦，為“悲”。二者合稱為“慈悲”。

(2) 聖道——對浄土門而言。靠自力修行，現世成佛。

(3) 浄土——對聖道門而言。靠佛力往生浄土成佛。

(4) 大慈大悲——佛與菩薩済度一切衆生的大慈悲之心。佛陀之悲乃是以同心同體状態痛切感受衆生之苦，故稱為“同體大悲”。又其悲心廣大無盡，故稱為“無蓋大悲”。佛教有三種慈悲之說。一是衆生慈悲。觀一切眾生猶如赤子，而與楽拔苦，此乃凡夫之慈悲，故稱為“小悲”；二是法縁慈悲。指開悟諸法無我之眞理所起之慈悲，此乃成佛之前的菩薩之慈悲，稱為“中悲”；三無縁慈悲。為遠離差別之見解，無分別心而起的絶對平等之慈悲。

此乃佛陀之慈悲，故特稱為“大慈大悲”。

5

親鸞聖人如是説：

親鸞一次也没為有已故的父母祈禱冥福而念過佛。為什麼呢？因為在世世生生[(1)]之中，天下之有情[(2)]皆可能互為父母或互為兄弟，誰都可以順次生[(3)]，成佛。

如果念佛是自力積善的行為，我可以將念佛之功廻向[(4)]給已故父母，使他們得以解脱。但是，念并非如是。只要捨棄自力[(5)]，盡早開悟於他力，在六道[(6)]，四生[(7)]之中無論怎様沉淪於業苦[(8)]，佛也一定会以神通方便之力[(9)]先濟度有縁[(10)]衆生。

註

(1) 世世生生——生死流轉中的無数生。

(2) 有情——衆生的同義語。関與有情與衆生之関係，諸説不一。一者認為有情只包括有情識者；一者則認為即是衆生，其中包括有情識之生物及山河，草木等。本譯採用後者之説。

(3) 順次生——順次生，指此生之後的生。即於次生往生。即今生命終之時，直接往生浄土。中國佛教之中，以《摂大乘》(印度無著造) 為依拠,主張念佛往生並非為“順次往生”,而是“順後往生”(隔生往生) 之説為多数派。而浄土教的道綽，善導則以《大無量壽経》為根拠，主張念佛往生為“順次往生”。親鸞在承繼道綽，善導之説之上，進一步提出現生往生即“現生正定聚”之説。(参照第 14 章註“正定聚”)

(4) 廻向——將自己所修功德善根廻施給衆生，與衆生共同趣入菩提涅槃。或以自己所積之善根為亡者追悼祈禱，以期亡者得以安養。於浄土宗則是將自己所修功德善根廻施給衆生，與衆生共同往生極楽浄土。或以自己之念佛為亡者祈禱，以期亡者

往生浄土。親鸞主張本願力迴向，認為迴向並非衆生所為，而是阿彌陀佛將願力功徳迴施給衆生之行。

(5) 自力——為他力之對稱。指依凭自己的力量達及解脱之境地；反之，借佛力者，則稱為他力。親鸞思想中的他力即是阿彌陀佛的本願力。

(6) 六道——衆生生死流轉之生存之地。此地有天・人・阿修羅・畜牲・餓鬼・地獄之六道。

(7) 四生—— 一切衆生在輪回轉生中的四種出生。即卵生（由卵殻出生者）・胎生（從母胎而生者）・湿生（由湿潤地而生者）・化生（無所托而生，無而化有。如由過去業力所化生者）。

(8) 業苦——由於作惡業而得之苦報。(参照 13 章“宿業”)

(9) 神通方便之力——神通又稱作神通力，即由修禅定而得的無碍自在力。方便又稱為權假方便，善巧方便。佛與菩薩為引導衆生入眞實法，而權設之法門。神通方便之力即是與菩薩應衆生之根基而用種々方法施預化益之功力。浄土宗依拠《大無量壽経》所説，認為阿彌陀佛本願力具有神通方便之力，阿彌陀佛為済度衆生而示現種々身，種々神通，種々説法。

(10) 有縁——有因縁関係者。一般指與佛道有縁者，即有縁値遇聞法得解脱機縁的衆生。“有縁”有順縁・逆縁。順縁即是随順佛法，逆縁即是逆違佛法，對佛法懐中有疑惑心。親鸞主張“信順為因，疑謗為縁”(《眞宗聖教全書》二 203 頁)，以阿彌陀佛的本願之“慈”為“能生之因”，本願之“悲”為“所生之縁”(《眞宗聖教全書》二 34 頁)，強調“世雄悲正欲慧疑謗闡提”(《眞宗聖教全書》二 1 頁)，認為衆生皆為疑惑・謗法之存在,所以,念佛衆生皆為受慧於阿彌陀佛之“信順之因”,“疑謗之縁”的“有縁”。

6

親鸞聖人如是說：

在專修[1]念佛着之中，常有人為某某人是我的弟子或他人的弟子之事而生氣論争。此實為無聊之爭。親鸞一個弟子也沒有。如果是由個人的意圖讓人念佛，可以說哪人是我的弟子。而念佛完全是阿彌陀佛使之然，所以若說哪個念佛者是我的弟子，可謂是貪天之功為己有，荒唐至極。

総之，有縁相隨則聚，有縁相別則散。不可以說“背叛師傅，随他人念佛不能往生”。本是受慧於如來的信念，却欲将此功德竊於私有，无論如何，也說不過去。

只要順應自然[2]之道，自然懂得知佛恩，也自然懂得知師恩。

註

(1) 專修——雑修之對語。專門修一種修行稱為專修，反之，混合而其他而修，総為雑修。浄土宗以專門修念佛一行為專修念佛。

(2) 自然——佛教用語之“自然”於日語発音為“jinian”，是顕示親鸞思想神髓之語。親鸞解釋說：“自，自然而然。(中略) 然，法使其然。非行者知所為，而是如來的誓願之所為。(中略) 彌陀佛是使人了知自然之‘相’的度量。＜末燈鈔＞《眞宗聖教全書》二 664 頁) 由此可知，親鸞思想中的自然，是指超越人為的宇宙本體。其開顕於阿彌彌陀如來的本願之功用。

7

親鸞聖人如是說：

念佛，是暢通無阻之一道。為什麼呢？因為信心[1] 念佛的行者，天神，地祇[2] 都敬服，魔界[3]，外道[4] 無所礙。罪惡不能在其身上感應業報[5] 苦果。念佛之功，諸善所不能及。

註

(1) 信心——信受佛法不疑不惑之心。浄土宗尤其主張信受阿彌陀佛的本願力，不疑不惑。

(2) 天神・地祇——天上諸神與住在地上，地下，海中等處的諸鬼神。

(3) 魔界——奪人之命，妨礙修善之悪魔的世界。

(4) 外道——佛教以外的宗教。

(5) 業報——由身・口・意的活動所造的，左右未來的行動之力稱為業。業報又稱為業之果報，即身・口・意的活動成為業因，由業之善悪而感應（招致）苦楽之果法。於佛教用語之“招致”稱為“感應”。（参照 13 章“宿業”）

8

親鸞聖人如是説：

念佛，對於念佛的行者[1] 來説，是非行[2]，非善。非自我意識之行，稱之為非行；非自我意識而修之善，稱之為非善。只有他力，超離自力。所以説，念佛，對於行者來説，是非行，非善。

註

(1) 行者——佛道之修行者，修念佛法門者，稱“念佛行者”。

(2) 行——為達到悟境而作的修行，行法。親鸞以稱名念佛為“大行”。

9

我（作者 / 唯圓房）問親鸞聖人：

“盡管念佛，也不能產生歓喜雀躍之感，又不能產生速去浄土之急切之心，該如何是好呢？”

親鸞聖人回答説：

“我也正為此事而犯愁呢。原來唯圓房也和我一樣的啊。

細細想來，念佛本應產生歓喜雀躍之感，而我却没有這種感覚，歓喜不起來。這樣看來，反而更覚得我是往生一定[1]之身了。本應歓喜雀躍，却不能，是因煩惱纏身之所致。阿彌陀佛對此事早就了如指掌，所以稱我們為“煩惱具足的凡夫”。阿彌陀佛的他力之悲願，就是為我們這樣“煩惱具足的凡夫”而発的。領会阿彌陀佛的如此之悲願[2]，更覚得有所依托了。

还有，不僅是缺乏速去浄土之急切之心，而且，一旦身體不佳，就担心会死去。這也是煩惱之所然。我們在久遠的劫[3]中，経歴了無数的生死時空，流轉而來。而這煩惱之故郷，竟讓我們流連不捨，難以離去；而未曾體験過的安楽浄土，却難以讓我們渴望速速往之。可見我們的煩惱如何之盛。

但是，不管我們怎样留恋不捨，此娑婆[4]的因縁終結，心衰力竭，身不由己之時，自会被引向浄土。阿彌陀佛的悲愍之心，尤其慧顧給没有速去浄土之急切之心的人。這樣想來，越発深知往生浄土已経由悲願所決定，此身已経有所依托。

反之，如果説有歓喜雀躍之感，不缺乏速去浄土之急切之心，反而会使人疑惑：難道此人不是煩惱之人嗎？”

註

(1) 一定——也稱為決定。“不定”之對語。即没有懷疑的餘地，已経決定。此處的“一定”含有“正定聚”之意。(参照第 14 章註“正定聚”，第 12 章註“不定”)

(2) 悲願——悲即抜苦之意。悲字之語源為「心＋非」，羽翅左右分裂之状，比喻身心難以忍受之痛楚。佛与菩薩憐愍衆生 , 痛切感受其痛苦 , 欲濟度之心稱為大悲心。因由大悲心而発起的濟度衆生之誓願稱之為悲願。

(3) 劫——佛教的時間單位，與“刹那”相對，無始無終，稱為大時，即永遠無限的時間。劫之中包含着過去世・現在世・未來世。

(4) 娑婆——梵语“sahā”之音譯。又譯作“娑呵”，意譯為忍，忍土。娑婆世界是釋迦牟尼施與教化的現實世界。此界衆生安居於悪，堪忍煩惱，不欲出離，所以稱為忍、忍土。

10

親鸞聖人如是説：

念佛，以無義之義[1]。因為其義不可稱量，不可以言説，不可思議。親鸞聖人在世時，許多人懷着共同的心願，跋涉遥遥里程，從関東赶到京都，為了實現當來之世[2]往生阿彌陀佛的報土[3]之目標的同一信念，同時領教親鸞聖人的教誨。追随這些人稱念南無阿彌陀佛者，男女老少不計其数。听説，在這些人中，近來常常有違背親鸞聖人所教之説，相互爭執。

在此，對這些不正之説，一一詳細評説。

註

(1) 以無義為義——此處之“義”包含層次不同的双重意義。“無義”之“義”，是超越形象思维言語的“大義”。即深藏於現象之内的本體眞實。“為義”之“義”,是以方便將本體眞實顕現為現象，以引導衆生悟入眞實。“法身無像而殊形並應；至韵無言而玄籍彌布。(法身無形却以殊形對應千差萬別的現象而顕現；至韵無言却遍布於佛典的字里行間)”(《眞宗聖教全書》二 111頁）即所謂大音無聲却響徹寰宇；大象無形却遍布於萬有之中。由此可見，於親鸞思想中的念佛，是以有聲・有形之教引導衆生参悟本體眞實之法門。

(2) 當來之世——佛教有“已（過去世）・今（現在世）・當（未來世）”三世之説，於此説中，當來世即來世。但是，於親鸞思想中，念佛之功不被三世時間所隔离，通達三世。“如子想母，衆生若想念佛，不隔現世與來世，無疑見如來”。(《眞宗聖教全書》二 499 頁“若衆生心憶佛，現前・當來必定見佛，去佛不遠”。(《眞宗聖教全書》二 581 頁)“十方三世無量慧，同乘

一如號正覚”(《眞宗聖教全書》二 491 頁) 因為念佛之功使衆生解脱於生死輪廻之三世，所以親鸞説教中的“當來世”意味着永遠的來生。

(3) 報土——第 3 章註参照。

11

對那些不識文字，不懂念佛的意義，只管念佛的人，有人詰問說：“你是因為信阿彌陀佛的誓願不可思議而念佛？还是因為信阿彌陀佛的名號不可思議而念佛？”對這两個不可思議不加說明的這種詰問，只能攪亂人心。這是一个值得認眞對待的問題。

阿彌陀佛以不可思議的誓願，深思熟慮出不可思議的“南無阿彌陀佛”這一容易接受，容易稱念的名號。並保證：稱念這一名號的人，都攝取不捨，使其往生浄土。衆生深信只要被阿彌陀佛不可思議的大悲大願所濟度，定能出離生死[1]，修念阿彌陀佛之心行，完全是佛意使之然。因為這一深信之中没有私心雑念，契合於阿彌陀佛的誓願，是一定能够往生極楽浄土的。所以，只要一心深信阿彌陀佛誓願之不可思議，名號的不可思議就已経具足。誓願與名號之不可思議，本來無別，無須分而為二。

此外，念佛中参雑自我的思量打算，以善惡分別之心思量往生浄土，以為多做善事有助於往生，多做惡事不利於往生。這種人並没有全身心托付於阿彌陀佛誓願之不可思議，以自我之打算努力積累往生之業而念佛，属於自力修行，不是眞正相信阿彌陀佛的名號的不可思議。盡管如此，這種信心不純的念佛者，也能往生“邊地・懈慢・疑城・胎宮”[2]等權宜浄土，因為有阿彌陀佛的“果遂之願”[3]，最終也会往生眞實報土的。這就是名號之力的不可思議，也就是誓願之力的不可思議。

註

(1) 生死——由業之因縁而在六道輪廻中生死流轉。

(2) 邊地・懈慢・疑城・胎宮——為阿彌陀佛極楽浄土之方便化土。即懐疑阿彌陀佛本願而雑修者所生之處。按親鸞之説，阿彌陀佛的方便化土分為疑城胎宮・懈慢邊地兩種。邊地是極楽淨土的周邊地，乃懐疑佛智者所往生之國土。懈慢地為修行定善(心集於一處不散亂)・散善（行善事）者所往生之處。即是説，参雑自力之心修諸功德之人，死後雖然往生淨土，不能進入眞佛土，生於化土，五百年不能得見眞佛。疑城・胎宮是阿彌陀佛的極楽浄土中，以疑惑心修諸功德之行者所止之處。此人命終雖往生淨土，不能進入眞佛土。疑城是淨土的界邊的七宝城，生於此城者，五百年不能得見眞佛。胎宮是阿彌陀佛的極楽浄土中的蓮華的蓮胎。懐有疑惑心修諸功德之行者，雖然往生浄土，却住於蓮胎中而不得出，五百年不能得見眞佛。

(3) 果遂之願——阿彌陀佛誓願中的第二十願。果遂即是最終實現目的。阿彌陀佛的第二十願中発誓説：“十方衆生（中略）聞我名號，懸念我國，植諸徳本，至心廻向，欲生我國，不果遂者，不取正覚”。即是説：向往阿彌陀國土而自力修行念佛的人，也会最終實現往生眞實報土之願望。所以第二十願稱為果遂之願。

12

關於不讀佛経・佛典與経典的解釋書，不學佛教理論，是往生不定[1] 之説。

這本是不值一駁的主張。闡明他力眞實的宗旨的経典，都明確指出：只要相信本願念佛，就能成佛。除此之外还有什麼学問是往生的决定因素呢？不懂這個道理的人而做學問的人，應該先學懂経典的宗旨。學習経典與経典的闡釋書，却不曉得経典的眞意，可悲，可憐之至。

因為正是為了使不懂経典，不識文字的人也能輕而易舉地稱念而成就的號，所以，才稱念佛為易行道。反之，以作學問為主要修行的方法，稱為聖道門，難行道。不是有文證（親鸞的＜御消息＞（書信集））説："學習佛典而停留在追求名誉及現世利益之處的人之順次往生[2]，安可知之"嗎？

當時，專修念佛的人與聖道門的人，議論佛法，互相說:"我們的宗派最好，其他宗派不好"等，在佛法上產生了敵對派，甚至對佛法出言不遜。這不是以身詆毀我們所信仰的佛法嗎？

即使其他宗門都説："念佛是無能之輩所行，其宗門淺薄，低俗"，我們也不與其爭論，只是對他們説："像我们們這樣的下根[3] 的凡夫，目不識丁的愚笨之人，聽説只要深信南無阿彌陀佛就能得救，即深信不疑。縱然對上根[4] 的人們來説是淺薄，低俗之宗，對於我們來説，却是至高無上的法門。縱使其他教法高明，我無器量容之，也難以按其教法修行。讓你和我都解脱於生死之谜界，是諸佛的本心。請不要妨礙我念佛"，並不采取以

牙还牙的態度，都是念佛同行者，哪有什麼敵意可言？还有證文說：論争之處必生種々煩惱，智者應該遠離論争的是非之地。

已故親鸞聖人如是說：

釋迦牟尼佛尊說:“有人信奉念佛之法，有人誹謗念佛之法。”我相信佛祖之言不錯。而且，正因為有謗法之人，才更覚得佛所說正確毋庸置疑。如果没有誹謗之人，也会讓人覚得：為什麼只有信法之人，而没有謗法之人呢？盡管這樣說，也並非特意要讓人去誹謗。佛祖早就了知：有信者有謗者，必之所然。為使信者不必為別人“信”或“謗”而動摇，所以纔留下這一說教。

當今之世，不是有人在學習佛法時，為了阻止別人誹謗佛法，而執着於討論問答嗎？學習佛法，本應因此而更加了知如來的本心，更知如來本願之弘深廣大，所以，對那些自卑自賤，認為自己没有資格往生浄土的人，說明如來本願没有善惡・浄穢・貴賤之別，才能顯示學習佛法之人的存在価値。反之，對那些無意中順應本願而念佛的人煞有其事地說：“學習佛法，纔是往生的至関重要之事”。這種行為是法之魔障[5]，佛之怨敵[6]，不儘自身缺乏他力信心，还欲使他人誤迷途。要慎之以自粛。這樣做違背先師之本心，可悲可哀，並非是阿彌陀的本願。

註

(1) 不定——一定之對語。往生不一定。(参照第 9 章註“一定”)

(2) 順次往生——（参照第五章註“順次生”)

(3) 下根——又稱為鈍根。上根・利根之對語。指不能閱覽経典的文章，不能理解教理的行者。

(4) 上根——又稱為利根。下根・鈍根之對語。指能够精讀経典，理解教理的行者。

(5) 魔障——魔為梵语 māra（魔羅）之略稱。意譯為殺者，障礙。即是障礙佛道・佛法之魔。為强調障礙之意，以梵語之“魔”

加之於漢語的“障”，稱為“魔障”。

(6) 怨敵——“怨”為五力之障礙（欺·怠·瞋·恨·怨）之一。“怨”，障礙眞實智慧。此處所說怨敵，是指障礙佛之眞實智慧的佛法之敵。

13

有人説：依仗阿彌佛的本願不可思議[1]之力，而有恃無恐，肆無忌憚地作惡，是仰仗本願，造罪無忌，不能往生。這種看法，其實是懷疑本願，不曉得善悪皆源於宿業[2]。発善心，是宿善所致；做惡事，也是宿悪所致。所以已故親鸞聖人説：須知，兔毛羊毛毛尖上的塵埃那樣微小的造罪，都無非不源於宿業。

有一天，親鸞聖人問我：

“唯圓房，你信我的話嗎？”我回答説：

“信。”親鸞聖人又接着問：

“那麼，你不会違背我所説的話？”

“决不違背。”

“你先去殺死一千個人，然后我保証往生浄土。”

“師傅雖是這样説，可我現在連殺一個人的器量都没有。”

“那你剛才為什麼説：决不違背親鸞的話呢？”

親鸞聖人接着説：

“現在你明白了吧。如果事事都能按自己意志去做，我告訴你，先去殺死一千個人，保障你能往生浄土時，你應該能去殺掉一千個人。可你連殺一個人的業縁都没有，所以不能殺人。人有許多時候，並非是自己心地善良，不想殺人就可以不殺的。有時明明不想害人，却可能殺掉上百，上千人。”

親鸞聖人告誡我們：我們往往習慣於認為，自己的心地善良就是做了有利於往生的事；自己的心地不善良就是做了不利於往生的事。這里面忽視了一個往生的决定因素：彌陀佛的本願。往

生是靠阿彌陀佛的本願不可思議之功的。

曾経有人被邪見所惑,產生誤解,說本願是拯救罪悪之人的願,所以主動去造惡，要為自己種下往生之種。此類流言蜚語傳來時,親鸞聖人提笔書寫:“難道可以因有解毒之薬，就主動去吞毒薬吗?”這様説，是為了制止不正之見，並非説悪是妨礙往生之障。如果只有守戒不做惡才能信奉本願，象我們這様的人如何能够解脱於生死之迷途?我等這様浅薄，罪悪深重之身，能値遇本願，纔是値得慶幸，身有所託。當然，若没有造惡之業縁，又怎麼可能造惡呢?

親鸞聖人還説:“在江河湖海撒網，打魚，用魚鈎釣魚為生的人們，在山野狩獵，捕鳥維持生計的人們，做買賣・耕田度日的人們，都没有差别，大家都一様。無論如何，受冥冥之中業縁之駆使，人，什麼事都可能做出。”可是，當今却有人以後世者[3]自居，説什麼只有行善之人纔可以念佛，有時竟在念佛的道場貼出告示:“做某某事的人，不許進入此道場”。這種人，是外現精進修行之相，内懐虚假不實之心。

依仗本願，有恃無恐,造罪無忌，其實也是宿業使之然。善事惡事皆為宿業使之然。所以，善事惡事皆為業報[4]所致，我們只能随順本願，這就是所謂的他力。

《唯信抄》[5]也明示説:“如果了知阿彌陀佛有何等無可估量之力，還会担心因為罪業纏身就等難以救済嗎?”正因為我們懐有依仗本願，有恃無恐，造罪無忌之煩惱，纔不容置疑，要全身心托付於他力之信心。

如果是断了惡業煩惱之后深信本願，當然不会懐有仰仗本愿,有恃無恐,造罪无忌之煩惱。可是，断了煩惱，已経成佛，對於已成佛者，彌陀佛為済度煩惱衆生而罄盡五劫的思惟[6]醸成的

誓願，不是失去了意義嗎？

註

(1) 不可思議——指不可思慮，言説之境界。主要用以形容佛·菩薩的智慧與神通力之奥妙。

(2) 宿業——“業”為造作之意。意為行為，意志，無意識等身心活動。於因果関係中，業是過去的身·口·意之行為所延续下來的，影响現在與未來身心活動的作用力。宿業的“宿”是過去世，即前世之意。宿業思想中，“業”含有善惡·苦樂的因果報應思想，宿業包含前世·現世·來世等輪廻思想。本為印度古來所流行的思想。佛教借用宿業観之同時，在消極的因果報應的宿命観中，加進了縁起思想（事物因縁而生，因縁而轉化，因縁而消滅），給宿業思想带來了本質的轉换，從而建立起“縁起”為核心的高層次的佛教宿業思想。於佛教宿業思想中，将善業·悪業（衆生的心之作用所造之業）帰属於“汚染業”，如來的願之作用力感應的業稱為“清浄業”。清浄業可使汚染業轉化為清浄業。在親鸞的思想中，尤其强調清浄業之作用。親鸞所强調的宿業観即是此層次的佛教宿業思想。

(3) 後世者——又作遁世者，道心者。指希望死後能生於浄土，故捨避世俗事務而專修念佛·誦経，以儲備後世之資糧者。

(4) 業報——業之報應，或業之果報。謂身·口·意之善惡業因所必招感之苦楽果報。(参照本章註 2“宿業”)

(5) 《唯信抄》——一巻。親鸞之法兄聖覚著。

(6) 五劫的思惟——五劫期間的思惟。即彌陀佛在因位為法藏比丘時，於发四十八願前，曾有五劫期間之思惟。“劫”為佛教的時間單位。大時，與刹那相對，表示永遠無限的時間。五劫思惟，不僅意味着四十八願産生於永遠無无限之時空，也意味着其超越理性思維，難以用数量計算之超越性。

14

關於“相信念稱阿彌陀佛即能滅除八十億劫生死之罪”之説。這一條是對《觀無量壽経》所説之教的理解問題。有人說：“十惡[1] 五逆[2] 的罪人，一生不念佛，臨命終之時，纔遇善知識[3]，值遇念佛，一声稱念阿彌陀佛，即滅除八十億劫生死之罪；十声稱念阿彌陀佛，即滅除十倍八十億劫生死之罪。得以往生極楽浄土”。

此説是以数量論念佛與“十悪”，“五逆”罪的軽重。由此而生出“一声稱念”與“十声稱念”之別。這種將念佛滅罪與得利益有形化的観念，與我們所信的他力念佛相距甚遠。

為什麼呢？因為一聲“南無阿彌陀”从我們口中発出，既被彌陀的光明所攝照，一念発起，即是領受金剛信心之時，我們已經被決定處於正定聚[4] 之位。臨命終之時，一生之中的諸種煩惱，都將成為開悟於無生忍[5] 之縁。這就是阿彌陀佛的大悲之願的恩之深，力之大。想想若没有阿彌陀佛的這一悲願，我等如此鄙俗之輩，何能得以解脱於生死之束縛？如此想來，不覚願罄盡一生稱念“南無阿彌陀”，以報謝如來大悲之恩德。而這一生所稱念之“南無阿彌陀”，又何嘗不盡是受惠於如來大悲之恩德呢？

如果認為我念一声佛，滅我一份罪，既是用自己的努力滅罪往生。如果是這樣，(以分別心思考，行動) 一生所思所想都是在造作業縛 (業如繩索，將我們束縛於生死迷途之中)。那麼，只好念佛不止，至死不休，方能不造作業縛，往生浄土。可是，人生叵測，業報儼然難逃，意想不到之事随時可能発生。或者疾

病纏身，苦痛煎熬，無法專心，不能正念[6] 念佛，這種時候，將如何滅除所造之罪？若罪不滅，不是不能往生浄土麼？

只要随順阿彌陀佛的摄取不捨[7] 的大悲之願，不論遇到何种意想不到之事，即使造下業罪，來不及念佛，到臨終之時，也即能實現往生之願。若在意外和危機病苦之時也能念佛，更證明開悟之時已近，愈発托身於阿彌陀佛，為報佛恩而念佛不已。為了滅罪而以自我之心臨終念佛之人，其心之本，是缺乏他力信心。

註

(1) 十惡——殺生・偷盗・邪淫・妄語・兩舌［挑撥離間］・惡口［惡語傷人］・綺語［夸大其詞］・貪欲・瞋恚（怒與恨）・愚癡（自我執着心與分別心，佛教認為此為罪惡之本）。

(2) 五逆——殺父・殺母・殺阿羅漢・破和合僧・出佛身血。（“五逆”之解释，大乘小乘有別，本翻譯採用大乘佛教之説。）

(3) 善知識——惡知識之對稱。又作善友。“知識”的“知”通“智”，指知其人心之識。有別於日常用語中的多知博識之意。故有此知識者，若善，則為善知識，若惡，則為惡知識。所以，知我之心，引導我入佛教正道之人，稱為“我之善知識”。

(4) 正定聚——三聚（正定聚・邪定聚・不定聚）之一。此語出自阿彌陀佛的第十一願“國中人天，不住定聚，必至灭度者，不取正覚”。正定聚指衆生中必定證悟者。聚為類聚・位。見道以上之聖者，断盡分別心等煩惱，能破顛倒見等迷惑，獲得畢竟不退等利益，定於正定涅槃之位，故稱正定之聚。（参阅《俱舍論》卷十）親鸞以前，被解釋為“彼土定聚”，即來世往生浄土之後，方可獲得正定聚之位。親鸞提出“現生定聚”之説。親鸞説：念佛行者現生可得十種利益，其中之一是正定聚。謂確立眞實信心之行者，一聲稱念，既已経處於阿彌陀佛攝取不捨之中，於現生之世，住於不退轉（永不堕入六道輪廻）之位，走往生浄土之路，保證來生必定成佛。

(5) 無生忍——又作“無生法忍”。“無生”又稱為“無生無滅”。

諸法之本質並無實體，謂之“空”，所以無生滅・變化可言。然衆生迷惑於這一眞理，執着於生滅・有無，因而生出煩惱而流轉於生死迷途。“忍”為證悟眞理，心安住於理中。“無生忍”，即開悟於諸法無生無滅之眞諦，心安住於其中不動搖。

(6) 正念——八正道之一。又作諦念。即不被煩惱所干擾，如實憶念諸法之本質・性相而不忘失。浄土宗則以面臨諸種煩惱干擾而不錯乱顛倒一心念阿彌陀佛名號為正念。(参閲《観経疏》<散善義>・《往生礼讃》<前序>)。

(7) 攝取不捨——阿彌陀佛攝受念佛衆生而不捨。

15

関於以煩惱具足[1] 之身，即身成佛[2] 之說。

這一說，於他力念佛的信仰中，是不值得一駁之說。即身成佛，是眞言密教的本意，三密[3] 行業[4] 的證果[5]。所謂“六根[6] 清浄”，是“法華一乘[7]”之説教，是由修“四安楽[8]”之行而感得之功德。這些都是難行[9]·上根[10] 之人的修行，由觀念所成就之開悟。

與此相對，往生浄土，來生於彼岸開悟，是他力浄土的宗旨。這是由信心决定之修行之道，是易行·下根[11] 之人的修行，是不簡善惡之法門。

其實，今生今世，肉体凡身，断滅煩惱悪障，極其不易。所以，即便是修行眞言法華的聖僧們，也不得不乞願順次生[12] 的開悟。更何况我等不能持戒修行，也不能以慧根解悟佛法之人？但是，當我們乘上彌陀本願之時，即能渡生死之苦海，達及報土之彼岸，煩惱之烏雲就即刻被驅散，法性之明月即可顯現，與普照十方的無礙光明融汇於一體。這就是芸芸衆生都獲得利益[13] 之時，也正是我們解脱開悟之機。

所謂以肉體凡身，今生今世解脱成佛，只有釋迦牟尼佛那樣能具現修理種々應化身[14]，具足三十二相[15]·八十随形好[16]，以此功能説法，給衆生以利益的人才有可能。這纔眞正是今生解脱成佛之榜樣。

親鸞聖人的《高僧和讚》中有這樣的話：

“金剛堅固的信心决定時，彌陀心光攝取照護，生死迷途永

相隔。”

就是説，信心决定之時，即被彌陀佛所攝取，不会被捨棄，永遠不再墜入六道的生死輪迴之中。所以説:“生死迷途永相隔。”但是，了知這一眞理，不可以與所謂今生開悟混為一談。

此种誤解，是可悲的。

已故親鸞聖人説過：

“在於浄土眞宗，是今生相信本願往生浄土，來生開悟。這是先師法然之教誨。”

註

(1) 煩惱具足——佛教認為：人類無法擺脱分別心和貪欲，由此生成種々煩惱，造作種々罪惡。所以“煩惱具足”一詞，用以表示普遍的人之存在的本質。参閲第二章註“煩惱”。

(2) 即身成佛―又稱為“現生成佛”。意為只要発菩提心，現在之肉體凡身即可成佛。日本眞言宗的開祖空海在其所著《即身成佛義》中，主張與佛一體化，可以現生成佛。日本天台宗的開祖最澄根拠《法華経》之説教,主張衆生借助《法華経》之経力,可以即身成佛。親鸞認為即身成佛是眞言密教的立場，属于難行·聖道門之修行。(《愚禿鈔》《『眞宗聖教全書』二 455·466 頁)

(3) 三密——秘密之三業,主要用於表示密教的修行方法。身密(手結法印)；口密（口頌眞言）；意密（心観念如來本尊)。

(4) 行業——身・口・意之行所造之業。

(5) 證果——證悟眞理，進入果位。此處指與大日如來的三密相應而得之悟性。

(6) 六根——又稱為六情。眼・耳・鼻・舌・身・意。之六種感覚器官及其機能。眼根（視覚器官及視覚機能）・耳根（聽覚器官及機能）・耳根（聽覚器官及聽覚機能）・鼻根（嗅覚器官及嗅機能）・舌根（味覚器官及味覚機能）・身根（触覚器官及触覚機能）・意根（思惟器官及思惟機能)。

(7) 法華一乘——《法華経》所説的一乘教。天台宗以此為成佛

的最高層次之教。

(8) 四安楽——《法華経》《安楽品》所説的四種行法。身·口·意的安楽行與誓願安楽行。

(9) 難行——参閲第一章註“易行道”。

(10) 上根——参閲第十二章註。

(11) 下根——参閲第十二章註。

(12) 順次生——参閲第十二章註。

(13) 利益——由随順佛法而得到的慧顧·功徳。於現世所得利益稱為現益（現世利益），來世所得利益稱為當益（來世利益）。一般以除災招福為現世利益。而浄土宗則主張以念佛所得的滅罪·護念（阿彌陀佛護念念佛衆生）·見佛等利益為現益，死後往生浄土為當益。於親鸞説教中的“利益”，没有現世·來世的隔離。現·當之詞，也不含有二元對立的概念。親鸞強調：只要念佛，“不隔現前與當來”，“三世的重障皆轉為輕微”（《浄土和讃》『眞宗聖教全書』二），受慧於如來大悲回向之利益，衆生於現生知遇眞實信心，居於正定聚之位，走往生浄土之道，得到來生必定成佛之保證，即是獲得了通向來生的現生利益。（第十章註 2“當來世”參照）

(14) 應化身——佛的三身（法身·報身·應身）之一。又稱為“應身”。“應”是應現，應衆生之機類而現身，謂之“應”；“化”是變化，應衆生縁而生種々變化，謂之“化”。大乘佛教基於佛済度众生之功用，主張一佛多身之説。関於佛身之数量及名稱，諸説不一。其中《金光明最勝王経》所説“法身·報身·應身”之“三身”為基本説教。“身”，聚集之義。法性之聚集稱為“法身”。“法身”，音譯為“達摩加耶”。即眞如，法性，宇宙万有之本體。法性為窮極之體，永恒不變·無分別·無形·不可説·湛然不動。聚集智慧之法，稱為“報身”。“報身”以大悲為體，並非衆生的肉眼所能見。即佛以大悲智慧，將窮極之體·不變的法性開顯給衆生。功徳法之聚集稱為“應身”。“應身”又稱為“應化身”，“化身”。即為済度衆生，如來以慈悲方便應其機縁而權現種々身。例如釋迦牟尼佛。“三身”中法身為“本”，由“本”生出其他二身。浄土教主張阿彌陀佛一佛多身，但各

祖師其說不一。親鸞根拠《大無量壽経》所説，明示阿彌陀佛證成了“法身 · 報身 · 化身”三身，並認為：念佛衆生所值遇的所有人，所有事，所有機緣，都為阿彌陀佛化身之功能所顕現。(《金光明最胜王経》《大正大藏経》第十六卷，親鸞著《教行信證》＜證卷＞,親鸞著＜愚禿鈔＞,親鸞著＜末燈鈔＞等参照)

(15) 三十二相——佛身具足三十二種殊勝容貌及微妙之形象。

(16) 八十随形好——又稱為八十種妙好。佛之應化身有“顕彰”(可以眼見之形) 與“隠密”(不可眼見之體)。以“顕彰”而現之身為三十二相，以“隠密”而現之身為八十種妙好。二者合稱為“相好”。

16

信心[1] 念佛的行者，有時発怒，有時作惡，有時與念佛的同朋[2]・同志爭吵。有人説，這種時候必須廻心。這一條，可以説是將“廻心”理解為断惡的自力修善了吧？

對於一向專修[3] 的念佛的人來説，“廻心”一生之中只能有一次。這唯一的一次“廻心”，是原來不知道本願他力眞實宗旨的人，因值遇彌陀的智慧，覚悟到這用様下去無法往生浄土，而轉換自我之心随順於本願之智慧。這種（心之受動向高層次的）轉換，才可謂之為“廻心”。

如果一定要事事回心，早也廻心，晚也廻心，才能實現往生浄土之願，人之生命，無常叵測，呼吸吞吐之間喪失性命之事并非無有。如果是這様，尚未來得及廻心，尚未獲得柔和忍辱[4] 之心就了却了性命，那麼，所有衆生攝取不捨[5] 的阿彌陀佛的誓願豈不是不能兑現了嗎？

嘴上説随順願力，心中却在想：盡管誓願不可思議拯救惡人，還是多做好事的人纔能得救。這還是懷疑願力，欠缺随順他力之心。這様的人，只能受生於邊地[6]，尤為可嘆。

只要信心决定，往生自有阿彌陀來决定，豈有我心作打算之餘地？正因為體察己心之惡，才更加托身於彌陀的願力，順其自然，自然会生出柔和忍辱之心。往生之事，不能耍小聰明，只須以心感受彌陀的恩之深重。這様，自然会発出念佛之音。這就是自然[7]。無我稱之為自然。這就是他力。

可是，有人自以為是，主張此外別有自然。聽説這種見解，

不覚嘆息不止。

註

(1) 信心——参閲第 6 章註 1

(2) 同朋——又稱為“同行”。乃同心学佛修道之人。大乗佛教重視共同修行佛道之同行。認為：若没有同心斉志，切磋琢磨，鞭策鼓励，如同共乘一船之同行，難成佛道正果。親鸞稱信心共同之念佛者為“同朋”·“同行”。於現代浄土眞宗，宗門的門徒皆被稱為“同朋”。

(3) 一向専修——一向即専心。不修餘行 · 餘善，専心只修念佛一行。

(4) 柔和忍辱——心柔軟，隨順眞理，不違逆自然為“柔和”，也稱為“柔順”。受到他人侮辱，惱害也不生嗔怒，憎惡之心，自身遭遇苦境也不動揺，證悟眞理，安住於自然稱為“忍辱”或稱為“忍”。拠『法華経』所説，柔和忍辱之徳可以防止一切嗔怒。

(5) 攝取不捨——参閲第 14 章註 7。

(6) 邊地——参閲第 11 章註 3

(7) 自然——参閲 6 章註 2

17

閔於往生邊地[1] 之人，終究要墮入地獄之説。這一説，以何経何典為證呢？而此説出自於學生[2] 之中，更讓人覚得可嘆。他們到底是怎麼領会佛経及佛経註釋書的眞實説教的呢？親鸞聖人教誨説：缺乏信心的行者，由於懷疑本願，而往生邊地。但只要贖却懷疑之罪，之後還是可以往生眞實報土[3]，開悟成佛的。因為眞能穫信的行者極少，阿彌陀佛以權宜方便，將許多自力修行的人先引入化土[4]。如果説這些人最終無所得，豈不等於説如來以妄語欺人嗎？

註

(1) 邊地——参閱第 11 章註 3

(2) 學生——學習，研究佛教學的人。

(3) 報土——第 3 章註 3 参照。

(4) 化土——“眞實報土”之對語。由阿彌陀佛的慈悲方便之願而權現的假浄土。為不能堅信本願，以自力修行及自力念佛的行者，阿彌陀佛巧施方便，權現此浄土。然此浄土並非眞實報土，故稱方便化土。此浄土以化身佛為教主，非眞實報身佛所居之土。在親鸞之説中，獲得他力眞實信心者，直接往生眞實報土，而懷有疑惑之心（善惡二元對立的分別心），依自力修行欣求往生浄土者，雖然往生浄土，却不能進入眞實浄土，權且進入此土，待機縁成熟，終將被攝入眞實報土。此權現之浄土稱為“化土”。(参阅第 3 章註 3“報土”,《觀無量壽經》《阿彌陀經》,北本《大般涅槃經》卷一,《顕浄土眞實文類教行信證》卷六,《愚禿钞》卷上)

18

關於佛教法事[1]。有人説，布施之多少，決定將來成大佛還是成小佛。這一條,荒唐可笑,背離佛法。佛豈可以大小來差別?經典中確實描述了安養[2]浄土的教主阿彌陀佛的身量之大，那是方便報身[3]的體相。法性開悟（参悟諸法無相[4]之眞理）的世界，既無長・短・方・圓之形，也超離於青・紅・白・黑之色，如何可以衡量佛之大小？關於見佛・念佛，經典中確實也説過拜見化身佛[5]時，大聲念見大佛，小聲念見小佛[6]，可能是由此類推，生出了“布施多少，成大佛还是成小佛”一説吧？

布施稱之為“檀波羅蜜”[7]之行。不管將多少財寶献於佛，献於佛師，如果缺少他力信心，於往生也無済於事。反之，縱使是一紙半金也不献，只要投身於他力，信心彌深，就是順應佛願的本意。盡管以説佛法而自居，而人難免有世俗欲望，所以造出“布施多少，果報各別”之類的妄言，蠱惑念佛的同行。

以上所列各條也許都是从違背眞實信心之處所生。已故親鸞聖人曾經説過這樣的話。

法然上人在世時，弟子很多，但與親鸞聖人信心相同的人却很少。有一次親鸞聖人與同門的弟子們関於信心発生了爭吵。爭吵的内容是這様：

親鸞説：“善信（親鸞自身）的信心與法然上人的信是同一個信心。”

勢観房，念佛房等同門的弟子們反駁説：“豈有此理。為什麼法然上人的信心,善信（親鸞自身）的信心会是一個信心呢？”

親鸞説：“法然上人智慧学識深廣，在這一点上不能説我與法然上人一様。可是，要説往生阿彌陀佛浄土的信心，却没有什麼兩様。完全是同一信心。”

同門的弟子們還是堅持説:“兩個人為什麼会是同一信心呢？哪有這個理？”各種疑問，非難紛々而起。結果鬧到法然上人那里去評判是非。大家各説各的理，法然上人聽後説：

“源空（法然）的信心，是受慧於如來的信心；善信房（親鸞）的信心，也是受慧於如來的信心。所以只有一個信心。如果是持有別種信心的人，法然所往生的浄土，他恐怕是去不成了。”

由此可以推知，当時在專修念佛人中也有與親鸞聖人信心相異的人。盡管説來説去，不過是反復强調同一内容，但还是都記载下來。

生命猶如朝露，老身已如枯草，此生所剩無几。有生之年，聽到念佛同行之疑問，以收於耳底的親鸞聖人之教誨做回答。但想到老身閉目之後，異説紛起，不可收場，不由得哀嘆不已。到那時，如果如上所説被各持異見相互論爭之人蠱惑之際，切莫忘記眞切體察親鸞聖人的心聲，認眞領悟親鸞聖人的聖教。所説聖教，大多是眞實之教與權假之教[8]相互参雑。捨權取實，棄假用眞，是親鸞聖人的本意。眞誠地祈願：千万不要誤解聖教，以假亂眞。

在此，從親鸞聖人的眞實教誨中，摘取些許金言，作為信心之指南，綴成一册。

親鸞聖人在世时曾抒懷説：“細々體察彌陀佛罄盡五劫的思惟[9]而成就的本願，其實就是專為我親鸞一人所発。這様想來，連我這様罪業深重之人都攝取不捨之本願，是多麼難得可貴！”

由此聯想到善導大師的金玉良言，“自身現是罪惡生死凡夫，

曠劫已來常沒常流轉，無有出離之緣。”[10] 親鸞聖人的抒懐與此金言是同一心聲。這樣看來，難得可貴的是，親鸞聖人的切身之説，可以啓迪我們這些不知自身罪惡深重，也不知如來的恩德之人。現實中的我們，竟然將如來的恩德置之不顧，彼此委瑣於你好我壞，你壞我好的世俗議論之中。

親鸞聖人教誨説：“世俗間的善惡，其實無常變化，我們自己無法定决。如果能眞正體察如來之心的善，会知曉眞的善；如果能眞正体察如來之心的惡，也会知曉眞正的惡。但是遺憾的是，我們是煩惱具足的凡夫，身處火宅[11]・無常[12] 變化的人世，此世間，万事皆空，無常变化，轉瞬即逝，虛無縹渺，哪有眞實可言？只有念佛眞實，不虛不妄。”

在彼此都陷於世俗的是非議論，爭論不已之中，尤其值得痛心的是，在議論念佛之信心時，為了堵住他人的嘴，在論爭中取勝，明明不是親鸞聖人所説，却妄稱是聖人所説。眞是低俗，浅薄之甚，讓人悲嘆不已。這一至関重要之處難道不值得深思，倍加注意嗎？

以上所説各條，雖然並非我個人人的主張，但是，因為我不懂經典與經釋，又缺少把握佛教法文深淺之功力，難免会有失誤之處。但是，想到只要能傳達已故親鸞聖人的教誨的百分之一，只言片語也好，所以特將留在耳底之語記述於此。

悲哉！雖然有幸知遇佛縁，稱念“南無阿彌陀佛”，却不能直接往生眞實報土而寄宿於邊地，豈不可悲！同為念佛之人，豈能忍心坐観同門念佛之友因相信異説而誤入歧途？不覚唏嘘欷泣，以筆沾墨，寫下此書，題名為《歎異抄》。

此書不可以公開於世。